지극히
주관적인
영국 경험기

지극히 주관적인 영국 경험기

초판 1쇄 발행 2025년 8월 25일

지은이 정숙진
펴낸이 장길수
펴낸곳 지식과감성#
출판등록 제2012-000081호

교정 김지원
디자인 김희영
편집 김희영
검수 한장희, 이현
마케팅 김윤길

주소 서울시 금천구 벚꽃로298 대륭포스트타워6차 1212호
전화 070-4651-3730~4
팩스 070-4325-7006
이메일 ksbookup@naver.com
홈페이지 www.knsbookup.com

ISBN 979-11-392-2747-5(03810)
값 11,000원

- 이 책의 판권은 지은이에게 있습니다.
- 이 책 내용의 전부 또는 일부를 재사용하려면 반드시 지은이의 서면 동의를 받아야 합니다.
- 잘못된 책은 구입하신 곳에서 바꾸어 드립니다.

지식과감성#
홈페이지 바로가기

영국이라는 나라와 사람이 궁금한 이에게 들려주고 싶은 이야기

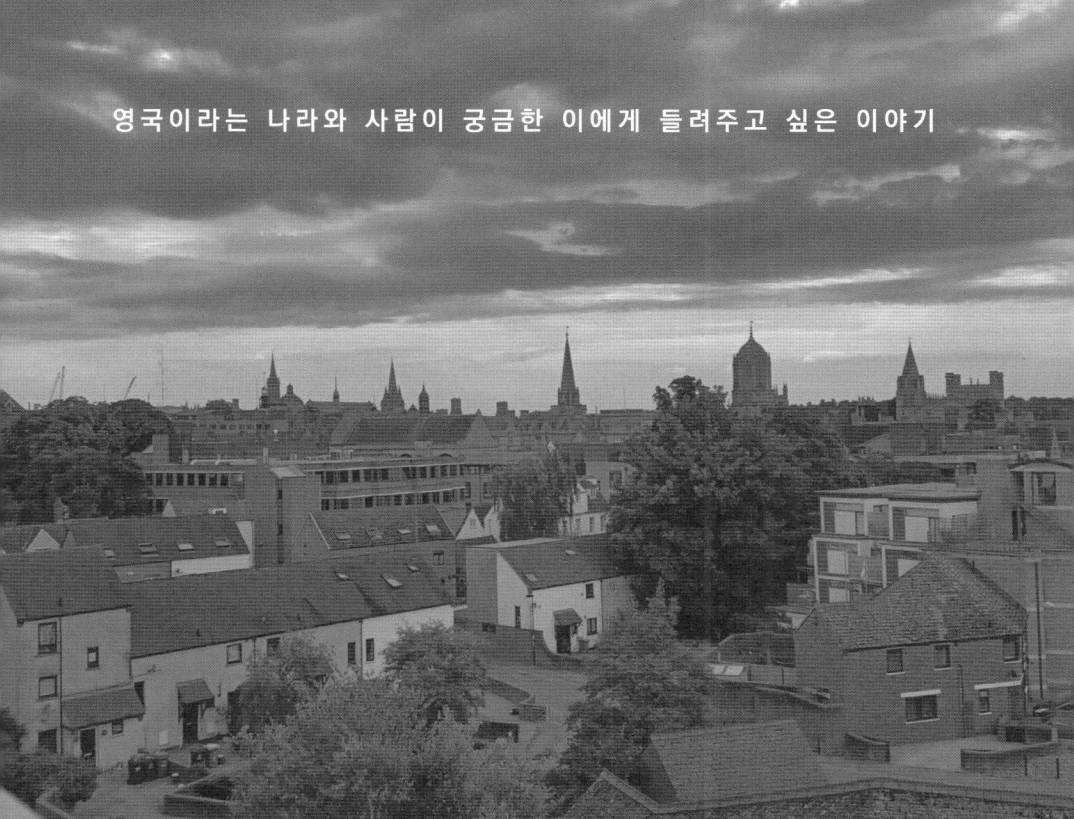

지극히
주관적인
영국 경험기

정숙진 지음

목차

6 프롤로그

영국이 당황스러워

12 얼떨결에 모델 알바를 뛰던 날
19 강제 소방 훈련을 받다
25 신선한 문화 충격, 영국의 수영장
32 영국의 밤 문화를 즐기려면 조심해야 할 이것
38 공포의 병원 진료
45 무단횡단? 그게 뭔가요?

영국에서 아이도 크고 어른도 크고

50 내 아이의 한국어 발음을 듣고 박장대소하던 그대에게
57 우리 학교 교장으로 지원한 동기가 무엇인가요?
63 딜도와 콘돔이 등장했다는 아들의 수업 시간
67 모두가 엉클과 안트?
73 아들아, 이제부터 이의 요정 말고 까치에게 연락해 보렴
82 더위, 벌레와 싸우며 즐기는(?) 영국의 운동회
88 동생 데리러 가야 하니, 먼저 나가겠습니다

한국과 영국 그 어디쯤 이야기

- 94 해외에서 한국인의 이름으로 산다는 건
- 103 결혼반지 분실 사건
- 111 저는 다방 커피로 주세요
- 119 영국에 사니까 사용하는 것, 꺼리는 것, 어색한 것
- 129 6개월 치 월세를 미리 내고 계약한다고요?
- 136 내가 한국 나이로 말이야
- 144 옆집 사람과 친하게 지내고 영어도 공부할 수 있겠네요

- 150 에필로그

프롤로그

"가족과 친구가 있고 모든 것이 익숙한 고국을 놔두고 왜 영국에서 살아요?"

정확히 기억나지는 않지만, 내가 영국에서 산 지 6~7년이 지날 무렵부터 이런 질문을 듣기 시작한 것 같다. 질문하는 이와 나의 관계에 따라 조사와 어미, 강조하고픈 단어가 조금씩 달라졌을 뿐이다.

영국에 간다는 계획을 주변에 처음 알렸을 때만 해도, 내 영국행의 목적은 하나였기에 그 목적만 달성되면 곧장 한국으로 돌아오리라 그들도 나도 예상했다. 그런데, 그 목적 달성 후에도 돌아올 기미가 안 보인다 싶으니, 그 이유가 궁금하다 못해 재촉하듯 질문을 던지는 이가 생겨났다.

잠깐만요, 저도 왜 영국에 계속 사는지 생각 좀 해볼게요.

지금부터 이 질문에 대한 답으로 나의 영국 정착 이야기를 하나씩 들려주려 한다. 전하는 형식이 글일 뿐, 가족이나 친구와 마주 보며 대화하듯 편하게 서술했다. 그렇다고 가까운 이에게만 털어놓을 만한 사생활 고백은 아니다. 영국 여행기는 더더욱 아니다.

이 글은 오래 전 나처럼 '영국에 가볼까?' 혹은 '영국에 간다고?' 하는 질문에서 출발해 영국에 왔다가, '이제 한국으로 돌아갈까?' 아니면 '영국에 계속 살아볼까?'로 이어지는 여러 질문 사이에서 고민하는 이들에게 들려주고 싶은 이야기다.

내 글을 읽고 '아, 영국은 정말 살만한 곳이구나'라고 할 수도 있고, 아니면 '어머, 영국이 그런 곳이야? 그럼 난 안 갈래'라고 반응할 수도 있다.

고국을 떠나 20년 가까이 영국에 살면서 직장인과 프리랜서, 아내, 주부, 학부모로서 보고 듣고 생각한 것을 솔직하게 담아낸 글일 뿐, 판단은 독자의 몫이다.

내 글에는 영국에서의 수많은 '첫 경험'을 담고 있다. 해외에서의 첫 직장 문화를 접하고, 결혼 생활을 시작하고, 엄마가 되어 육아와 자녀

교육에도 관심을 가졌던 당시 기억이다.

한국과 비슷한 듯하면서도 너무나 다른 영국의 문화와 사람, 관습 때문에 때로는 당황하고 때로는 감동하고 때로는 부끄러워하였지만, 결국 돌이켜 보면 추억으로 남는 일의 연속이었다.

예전의 나처럼 영국에 처음 와서 힘들어하는 이들을 이제는 도와줄 여유가 생겼다. 나보다는 쉽게 적응하도록 도와줘야지, 체계적으로 정보를 공유해야지, 그런 생각을 할 때마다, 그때의 추억을 떠올릴 때마다 글이 한 편씩 탄생했다.

설렘과 두려움, 막연함을 안고 영국행을 준비하는 분들이 편하게 읽고 웃을 수 있는 글, 조금이나마 도움을 얻을 수 있는 글이 되었으면 한다.

영국에 처음 와서 모든 것이 낯설게 느껴지거나 영국에서의 유학, 안식년, 취업을 앞두고 있는 분과 이들의 가족, 또 영국 드라마와 영화를 보며 영국이라는 나라와 사람이 궁금한 이에게 권한다.

참, 내 소개가 늦었다.

나는 대학에서 영어 교육을 전공하고 직장 생활을 하던 중 영국으로 유학 간다는 남자 친구의 말에 "영국에 간다고?"에 이어 "나도 영국 가야 해?"라는 질문을 던졌고, 결국 따라온 여성이다.

"갑자기 영국은 왜?"라고 묻는 가족과 친척 앞에 상견례, 결혼식도 없이 남자 친구를 남편으로 소개했다. 남편이 학위를 마칠 때까지만 머무는 것이 내 영국행의 기한이자 목적이었지만 결국은 계속 살고 있다.

그래서, 왜 영국에 계속 살고 있냐고?
다음 장부터 본격적인 이야기가 펼쳐진다.

영국이 당황스러워

지극히 주관적인 영국 경험기

얼떨결에 모델 알바를 뛰던 날

"…&*(_)&…%6^$…Y#\#@……헬프 미…!"
"……왓……?"
"…&*(_)&…%6^$…Y#\#@……헬프 미…!"
"……???"

처음 보는 남성이 내게 다가와 도움을 요청했다.

요즘 세상에 낯선 사람이 다가와 무언가 부탁을 한다면 무조건 경계부터 하고 봐야겠지만, 인파가 붐비는 대로 한복판에서였다. 도움이 절실해 보일 뿐 나쁜 사람으로는 보이지 않았다. 나쁜 사람은 도대체 어떻게 생긴 건지는 모르겠지만.

영국에서도 사투리 심한 곳으로 손꼽히는 뉴캐슬에 살던 때다.

내가 영국에 첫발을 디딘 곳이요, 덕분에 영어를 전공하고도 영어 듣기 훈련을 혹독하게 다시 받아야 했던 곳이다. 이 지역 영어에 익숙해질 무렵 인도식 영어, 스코틀랜드 사투리는 편안하게 들렸다.

물론, 이 지역 주민의 말을 알아듣기 시작한 건 나중 일이고, 위 만남이 이루어진 시점은 내가 영국에 온 지 얼마 안 될 무렵이다.

같은 지역 사람이라도 사투리 강도는 조금씩 다르기 마련인데, 이날 만난 남성은 지나치게 사투리가 심한 데다 수줍음을 타는지 기어들어 가는 목소리로 일관했다.

경상도에서 태어나 부산에서 성장하면서 경남, 경북, 부산 사투리의 미묘한 차이를 구별하던 나로서는 친근하게 다가온 지역이라 할 수 있다. 그럼에도, 살면서 되도록 사투리는 쓰지 않겠다 결심하게 만든 지역이기도 하다. 외국인은 말할 것도 없고 자국민조차 이들의 말을 알아듣지 못해 절망감을 안겨주기 때문이다.

몇 차례 더 남자와 소통을 시도했지만 도저히 알아들을 수 없었다. 자기 사투리가 심한 편이라고 연신 사과는 했지만, 그 말 외에는 이해하기 힘들었다. 남자의 간절한 눈빛도 있고 숫기 없는 남자가 겨우 용기 내어 낯선 여자에게 부탁하는 듯하여 안쓰러웠기에, 일단 그가 하자는 대로 해보기로 했다. 사람들로 북적이는 거리에서 처음 만나는 외국인에게 도와달라는 이라면 뭔가 중대한 사유가 있을 것 같았다.

이 남자가 나를 데리고 간 곳은 시내의 한 백화점이었다. 우리가 서 있던 거리에서 얼마 떨어지지 않았으며, 나도 한 번씩 들르던 곳이다.

백화점 진열대 사이를 한동안 조용히 앞장서 걷기만 하던 남자가 갑자기 걸음을 멈추었다. 대형 체중계 앞에서다. 지금은 거의 다 사라졌지만 십수 년 전까지만 해도 영국의 번화가 어디에나 하나쯤 있던 이런 체중계는 동전을 넣고 사용하는 식이다. 좀 더 정교한 제품은 종이 인쇄물이 나오기도 했다.

이 남자가 대뜸 동전을 주더니 나보고 체중계 위에 올라가 보라고 했다. 처음 보는 사람에게 이 얼마나 황당한 요청인가.

하지만 나는 이미 도와주기로 약속을 했고 여기까지 자발적으로 따라왔으니 돌아설 수는 없었다. 주변에 사람들이 수시로 지나다니고 곳곳에 설치된 CCTV까지 우리를 감시하고 있으니 위험한 일은 일어날 것 같지 않았다. 대신, 민망한 일은 벌어질 것 같았다. 낯선 남자가 나의 일거수일투족을 관찰하는 것도 무안한데 내 몸무게까지 공개해야 하다니.

그러나 어쩌랴.

에라 모르겠다 싶어 남자가 시키는 대로 했다.

처음에는 뭘 잘못했는지 내가 동전을 넣자마자 체중계가 동전만 삼키고 작동하지 않았다. 남자가 한숨을 쉬더니 다시 주머니에서 동전을 꺼내 줬다. 처음 사용하는 기기라 또 실수할지 모르니 남자더러 작동시켜 달라 요구했지만 내가 직접 해야 한다고 나왔다.

이 지시 사항을 내가 이해하기까지, 남자는 예의 암호 같은 사투리를 내게 수차례 반복해야 했다. 다행히, 아까 거리에서의 대화보다는 이해가 쉬웠다. 온갖 소음으로 가득한 거리가 아닌 실내에 들어섰으니까. 또, 이미 체중계 앞까지 왔으니 내가 할 일이 무엇인지 어느 정도 파악한 셈이니까.

내가 할 일은 알겠는데, 하필 영국의 거리에서 그 많은 영국인들을 제쳐두고 처음 본 아시아계 여자에게 부탁하는 이유가 무어란 말인가. 절실히 묻고 싶었지만, 그런 깊은 대화를 나누기에는 둘 사이의 언어 장벽이 너무나 높았다.

시간이 조금 흐른 뒤 앞뒤 맥락으로 파악한 일이지만, 이 남성은 양로원에서 생활하는 노인을 위해 체중계 사용법을 포스터로 제작하는 중이라고 했다.

체중계 사용법을 사진으로 설명하기 위해

1. 모델이 동전을 기기에 집어넣는 모습
2. 모델이 신발을 벗고 체중계에 올라서는 모습
3. 모델이 버튼을 누르고 잠시 뒤 정보가 뜨는 화면
4. 정보가 담긴 종이쪽지가 인쇄되는 과정
5. 모델이 쪽지를 눈으로 확인하는 모습

이렇게 여러 차례로 나누어 남자가 사진을 찍었다.

필요한 사진을 다 찍고 나니 흡족해진 남자가 내게 또 뜬금없는 말을 했다. 다행히, 이건 쉽게 알아들을 수 있었다. 문장이 간단하기도 하지만 만국 공통어인 지갑을 꺼내 보여서다. 물론, 이때도 숫기 없는 남자의 머뭇거림이 느껴졌다.

"돈 얼마 받을 건가요?"

돈 받고 하는 일이었단 말인가.

낯선 남자가 도와달라는 호소에, 그것도 양로원에서 생활하는 노인을 위한 일이라는 말에 마음이 약해져 시키는 대로 했을 뿐인데, 돈까지 받아야 하나 싶었다. 이 남자의 목에 걸린 고급 카메라가 그제야 눈에 들어왔다. 사진작가치고는 모델 선정 과정이 허술하다만, 어쨌건 그도 내 사진을 가져가 돈을 버는 거겠지, 하는 생각에 이르렀다.

큰 키 덕택에 의류학과 졸업 작품전 모델이 되기도 하고, 거리에서 만난 의류학과 학생의 요청으로 사진이 찍힌 적도 있다. 모델 해보지 않겠냐며 따라온 사람의 명함을 받기도 했다. 영국에서는, 벤치에 앉아 있는 우리 부부에게 접근해 학교의 프로젝트 수행에 협조해 달라며 사진을 찍어간 학생도 있다.

낯선 이들에게 사진을 찍힌 적은 있지만 돈을 받은 경험은 없던 내가 말도 안 통하는 이 남자에게 뭐라 답해야 할지 몰랐다.

"제가 전문 모델 경험이 없어서…."
"그럼 이 정도면 되겠어요?"

영국에서 난생처음 예정에도 없던 모델 알바를 뛰고는 20파운드를 받았다.

"하…. 아무리 파운드가 2천 원에 육박할 정도로 가치가 뛸 때라도 그 돈은 좀…."

하지만… 협상할 틈도 안 주고 남자는 떠나버렸다.

* 혹시나 영국의 양로원이나 공공시설에서 키 큰 아시아계 여자가 체중계에 올라선 모습이 담긴 사진을 발견하면 제게 연락 좀 주세요. 제 사진이 어디에 돌아다닐지 아직도 궁금해요.

강제 소방 훈련을 받다

"앗… 이런… 또? &*#$@!$%#$*_@$%….̇"

어디선가 익숙한 냄새가 나기 시작했다.

이제 마음의 준비를 해야 한다.
곧, 눈과 목이 따가워지고 조금 더 있으면 화재경보가 울릴 것이다. 공기가 역해서 호흡도 괴로울 테니 되도록 빨리 밖으로 나가는 편이 상책이다. 시간이 되면 소방차도 출동하겠지. 하던 일을 중단하고 건물 밖으로 나가야 한다. 벌써 나가서 차가운 밤공기에 벌벌 떨며 기다리는 주민도 있겠지.

남편과 나는 TV를 보며 일요일 밤을 여유롭게 보내던 중이었다. 나는 내일 오전 일찍 회사로 출근하고 남편은 학교로 가야 하는데, 이게 뭔 소동이람.

영국에 온 지 얼마 안 됐을 무렵 남편과 둘이서 학교 기숙사에 거주하던 시절이다.

어느 일요일 밤, 처음으로 기숙사 창문을 통해 매캐한 냄새가 스며들 때만 해도 제법 향긋함이 배어 있길래 '누군가 향이 강한 향신료를 넣어 요리하나 보군' 했다. 그런데, 얼마 뒤 눈과 목이 아프기 시작했다. 예감이 좋지 않았다.

입주자 대다수가 외국인 유학생과 이들의 배우자로 구성된 기숙사이다 보니, 끼니때마다 낯선 음식 냄새가 건물 곳곳에서 번져 나오곤 했다. 정체불명의 음식 냄새에 적응해 가던 중, 우리 부부 또한 기숙사 내 유일한 한국인으로 타인들에게 낯선 냄새를 풍기며 살았다.

하지만, 이번에는 냄새와 함께 올라오는 연기가 심상치 않았다.

지하층에 사는 커플의 소행임이 틀림없었다. 이들은 주말 밤마다 연기를 피우며 요리인지 실험인지 뭔가를 하는 것 같았다. 아래층에서 올라오는 연기에 위층에 사는 우리가 견디기 힘들 정도면 각 층에 배치된 화재경보기를 자극하기에 충분했다.

아니나 다를까, 잠시 후 기숙사 건물 전체에 화재경보기 소리가 요란하게 울리기 시작했다. 권투 시합에서 라운드 시작을 알리는 종을 귀에 가져다 대고 쉼 없이 치는 듯한 소음이었다.

평화로운 주말 저녁을 포기하라는 소리다.

단순히 시끄러워서가 아니다. 이 종소리가 울리기 시작하면 무조건 건물 밖으로 나가야 해서다.

영국의 소방법이 얼마나 엄격한지, 특히 학교 기숙사에는 어떻게 적용되는지, 또 화재 발생 시 어디로 대피해서 어떻게 대처하는지 몸소 배우는 기회를 만들어준 커플이다.

한 번의 체험으로는 부족하다 싶었는지 이후 두어 차례 더 냄새와 연기를 피워 기숙사 주민들로 하여금 확실하지 소방 훈련법을 익히게 해 준, 어쩌면 고마운 커플이기도 하다.

이런… &*#$@!$%#$*_@$% 같으니….

첫머리에 언급한 사건이 바로 그런 날 중의 하나다.

영국의 학교와 기숙사, 회사 등 다수의 사람들이 모이는 건물에서 화재경보가 울리면 실제 화재 여부와 상관없이 내부에 있는 사람은 모두 밖으로 나가야 한다. 나가기만 하면 되는 것이 아니라 건물 밖 지정된 장소에 모여야 한다.

이날도 경보기 소리를 듣고 남편과 함께 나갔더니 이미 밖으로 뛰쳐나온 사람들이 화재대피소에 모여 있었다.

기숙사 입구 마당 한편이 대피소에 해당했다. 이미 잠자리에 들었다가 급히 깬 듯 잠옷인지, 속옷인지 모를 차림으로 나타난 사람도 있었다. 다른 기숙사에서는 이런 대피소 행렬에 동참하느라 샤워 도중 뛰쳐나와 머리와 몸이 젖은 상태로 수건만 걸친 사람도 있었다고 한다. 이런 소동에도 밖으로 나가지 않고 꾸물대거나 건물로 다시 들어가면 벌금형에 처해지기 때문이다.

녹색 표지판이 대피소의 위치를 알린다.

영국에는 이런 표지판을 흔히 볼 수 있는데, 주로 건물 앞 넓은 공터나 주차장에 대피소가 위치한다. 신입생과 신규 직원을 대상으로 화재 발생 시 행동 요령과 화재대피소 위치에 대한 교육을 실시한다.

경보기가 울린 지 10여 분이 지나자, 예상대로 기숙사 입구에 소방차 한 대가 출동했다. 소방차에서 내린 소방대원은, 멀쩡한 건물 상태와 무심한 듯 서있는 기숙사 주민의 얼굴을 보고 안심하는 듯했지만, 그래도 일은 일이다.

건물 내부 곳곳을 점검한 뒤 우리가 모여 있는 곳으로 다시 돌아온 소방대원이 질문을 던졌다.

"누가 그랬어요?"

누가 화재경보기를 자극할 정도로 일을 벌였냐는 질문이겠지.

하얀 연기와 함께 강렬한 냄새를 풍기는 집이 기숙사 건물 전체에 한 곳밖에 없을 텐데, 이 소방관은 직접 가보고도 왜 물어볼까?

다시 생각해 보니, 어느 집인지는 알지만 그 집에 누가 사는지는 당장 몰라서겠지. 아니, 집이 아니라 부엌에서 벌어진 일이다. 한 부엌을 두세 가구가 공유하는 기숙사니 더욱 누구의 소행인지 파악하기 힘들었으리라.

실제 화재로 번지지 않은 것만으로 다행이다 여겨야겠지만, 책임 소재는 엄격히 따져야 한다.

이런 일이 처음 발생했을 때만 해도 아무도 나서지 않더니, 반복되는 화재 대피에 이제 모두가 시달릴 만큼 시달렸나 보다. 주말마다 지독한 냄새와 함께 연기를 피우던 문제의 커플로 다들 시선을 돌렸다. 어떤 학생은 대놓고 그 커플을 손으로 가리키기까지 했다.

이제 소방 훈련은 그만 좀 했으면….
주말 밤 시간을 평화롭게 보내게 해 달라고요!
눈물 콧물 흘리며 한밤중에 밖으로 뛰쳐나오는 일 좀 그만하자고요!

이후 이 말썽쟁이 커플이 기숙사에서 강제 퇴거를 당했는지 아니면 연기 피우는 일을 그만두고 조용히 지내는 건지, 화재경보가 울리는 일은 더 이상 없었다.

신선한 문화 충격, 영국의 수영장

"지금 이용객이 별로 없을 시간이니, 탈의실에 같이 들어가시면 되겠네요."

아들과 함께 수영장에 갔다가 직원에게서 들은 말이다.

가족 세 명이 늘 같이 가던 수영장에 아들과 나, 단둘만 갔던 날이다. 아빠와 함께 가던 탈의실을 처음으로 아들 혼자 보내야 하는 상황이라 잠시 망설여졌다. 그래서, '저 나이의 애를 혼자 탈의실에 보내도 되나요?'라는 뜻으로 직원에게 질문했다. 그랬더니, 내 말을 못 알아들은 건지 아니면 내 의향을 넘겨짚었는지, 엉뚱하게도 이런 답변이 돌아온 것이다.

엉…?

아홉 살 남자를 여자 탈의실에…?
애가 너무 어려 보이나…?

잠시 고민에 빠졌지만, 직원이 된다고 하는데 뭘 더 망설이나 싶어 그대로 아들과 함께 여자 탈의실에 들어가려 했다. 하지만, 두 어른의 대화를 옆에서 듣고 탈의실 입구에 적힌 연령에 관한 문구까지 다 읽어 내린 아들이 극렬하게 거부했다.

결국…
두 모자의 여자 탈의실 잠입 시도는 실패로 끝나고 말았다.

영국의 수영장은 겉보기엔 한국과 다를 바 없지만, 탈의실에 들어갈 수 있는 이성의 나이가 만 8세 미만이라는 점이 크게 다르다. 만 4세까지 낮추어진 한국과 비교하면 엄청나게 관대한 셈이다.

민망스럽게 왜 그 나이까지 허락하는지는 영국의 수영장을 이용해 보면 자연스럽게 이해할 수 있다.

"앗, 여자 샤워장에 웬 남자가?"

고등학생 나이로 보이는 남자가 샤워장에 들어섰다. 내가 영국의 수영장 문화를 이해하기 전, 그것도 아들이 태어나기도 전의 일이다.

나는 고개를 앞으로 숙이고 길게 늘어진 머리를 감는 중이라 시야가 제대로 확보되지 않았지만 직감적으로 남자임을 알 수 있었다. 어디를 가나 여자들 중에는 제일 큰 편이라, 나보다 조금 더 크다 싶거나 남성 특유의 묵직한 움직임을 감지하는 순간 알아차린다.

황당하게도 이 남성은 자연스럽게 갈 길을 가듯 내 옆을 스쳐 가는 것이 아닌가. 물 온도를 조절하기 위해 몸을 살짝 틀어 수도꼭지로 손을 뻗으려는 때, 남자의 존재가 내 시야에 더 명확하게 들어왔다.

다행히 소리는 지르지 않았지만, 나는 너무 놀라서 샤워기 밑에서 하던 행동 그대로 몸이 얼어붙었다. 더 놀라운 건 샤워장에 있던 다른 여성들 중 누구도 신경 쓰지 않는다는 점이었다. 다들 씻는 일에 집중하느라 무슨 일이 벌어지는지 모르고 있는 건가? 지금도 그 순간을 떠올리면 내게는 가슴이 쿵쾅거리는 일인데.

이 남성이 지나간 뒤 곧이어 온화한 표정의 중년 여성이 뒤따르는 걸 보고서야 약간이나마 진정이 되었다. 당시 남성이 쓰고 있던 독특한 구조의 안경과 그를 따라온 여성의 행동, 수영과는 무관한 옷차림으로 보아, 장애 청소년과 어머니 혹은 도우미의 관계가 아닐까 추측해 본다. 이 수영장에서 장애인과 노인을 위한 운동 프로그램을 운영하는 것도 나중에 알게 된 사실이다.

그제야 주변 수영객의 행동이 이해되었다.

수영장 내부에 있는 샤워장도 한국과 다를 바 없지만, 샤워를 하는 사람을 보면 대부분 수영복을 입은 채다. 수영을 끝낸 후 머리도 감고 몸을 다 씻어야 하는데도 말이다.

그나마 모든 사람이 다 그런 건 아니며, 주로 어느 정도 나이가 지긋한 사람은 개의치 않는 듯했다. 그래서, 갓 서른이 된 나이에, 나는 노인층 수영객의 행동에 편승해 한국에서의 샤워 습관을 꿋꿋이 지키고 있었다. 그러다가, 낯선 남성의 갑작스러운 등장으로 내 몸을 얼어붙게 만들었던 순간을 경험하고부터는 수영장에서 알몸 샤워하는 습관을 끝내버렸다.

"어린 학생들이 이용하는 시간에는 수영복을 계속 착용해 주십시오."

샤워장 입구에 이런 안내문을 붙인 수영장이 있다. 무슨 요일, 어느 시간에 해당하는지 정보는 없다. 언제든 학생들의 등장에 대비해 계속 수영복을 입고 샤워를 하라는 소리다.

수영이 정규 과목으로 지정된 영국의 초등학교는 근처 수영장을 강습장으로 이용한다. 이 때문에 학생들이 출입하는 수영장에서는, 같은 여자/남자라 하더라도, 성인의 벗은 몸을 아이에게 보이지 말아 달라고 요청한다.

초등학생 남자아이를 여자 탈의실에 데려가는 일은 허용하면서, 샤워장에서 옷을 다 벗는 행위는 허용하지 않는다니 나로서는 이해할 수 없지만, 옷을 다 벗지 않기에 8세 미만의 이성을 탈의실에 데려가는 일이 가능한지도 모른다.

사물함과 옷걸이, 거울, 헤어 드라이기 등이 배치된 형태도 한국의 탈의실과 비슷하다. 그런데, 샤워를 마친 사람들이 들어가는 곳은 탈의실 벽면에 화장실 칸막이처럼 생긴 또 다른 공간이다. 바로, 개인 탈의실이다. 기저귀 교환대와 아이를 앉혀둘 수 있는 붙박이 의자도 있어서 어린 자녀를 데리고 들어가기에 편하다.

남녀로 분리된 탈의실 외에 가족 탈의실도 간혹 있다. 이곳은 당연히 남녀 공용이고, 가족이 다 들어가니 칸막이 공간도 넓다. 온 가족이 수영장에 가는데도 샤워 용품을 하나씩만 챙기면 되고, 아이를 나 혼자만 책임지지 않아도 된다는 점 때문에 개인적으로 가족 탈의실을 애용했다.

목욕탕에 엄마를 따라오는 남자아이의 나이가 오랜 세월 한국 사회에서 논란이었듯, 영국의 독특한 수영장 문화에도 불만의 목소리는 있다.

여성 - "탈의실에 출입 가능한 이성 연령으로 만 8세는 너무 많다."
남성 - "샤워장에서 옷 벗고 샤워하는 걸 왜 못 하게 하느냐?"

영국의 독특한 수영장 문화는 여기에서 그치지 않는다. 수영장에 딸린 사우나에 들렀다가 화들짝 놀란 이의 사연을 들어보자.

"내가 머물고 있는 호텔에 사우나가 있다고 하길래, 전날 마신 술도 깨고 휴식도 취할 겸 사우나에 들렀다. 탈의실에서 옷을 벗고 사우나로 향하는 문을 열려는 찰나… 문 너머에서 웃고 떠드는 아이의 소리, 물 첨벙거리는 소리가 들리는 것이 아닌가. 이게 무슨 황당한 일인가 싶어, 문틈으로 엿보니 남녀노소가 여럿 모여 있는 수영장이 눈앞에 펼쳐졌다."

영국의 호텔에서 사우나를 이용하려다 낭패를 볼 뻔한 한국인 남성의 경험담이다. 술 깨러 사우나에 들렀다가, 술이 저절로 깼다고 한다.

영국에는 사우나만 별도로 운영하기보다는, 수영장과 호텔, 헬스장,

온천 등에 딸린 부대시설로 사우나를 운영한다. 수영장 한편에 마련된 사우나는, 입구 전체가 투명 유리이거나 아예 문이 없는 곳도 있다. 당연히 내부가 들여다보이고 남녀 모두 이용한다. 수영을 하다가 들어가 잠시 쉬거나 운동을 마치고 피로를 풀기 위해 혹은 다이어트의 목적으로 땀을 내는 곳이다.

　수영장이나 헬스장의 한편이 아닌, 별도 공간에서 여성 전용과 남성 전용 사우나를 운영하는 곳도 있다. 하지만, 요일제로 '남자 사우나의 날', '여자 사우나의 날', '남녀 공용 사우나의 날'로 구분하는 시설도 있기에, 반드시 이용 방법을 사전에 확인해야 한다. 무엇보다, 어떤 형태의 사우나를 가더라도 영국에서는 수영복이나 가운, 큰 수건 정도는 걸치고 가는 것이 안전하다.

영국의 밤 문화를 즐기려면 조심해야 할 이것

"딸이 클럽에 갔다가 주삿바늘에 찔려 8시간이나 병원 신세를 졌어요."

몇 해 전 친구가 페이스북에 공유한 글이다.

처음에는 이게 무슨 헛소린가 싶어 지나치려다, 'Spike'라는 익숙한 단어가 눈에 띄어 끝까지 읽고, 이후에는 관련 기사까지 찾아보았다.

영국의 나이트클럽이나 술집, 파티장에서는 누군가의 술잔에 약물을 넣는 범죄가 간혹 발생하는데, 이처럼 다른 사람의 음료나 술에 약물을 몰래 넣는 행위를 Spike라고 한다. 술잔이든 음료 잔이든 몰래 넣는 행위가 모두 해당되며 약물이나 독약, 마약은 물론 술을 넣는 것까지 포함된다. 넣는 행위 자체로도 범죄가 성립되지만, 상대가 이를 마신 후 정신을 잃으면 추가 범죄로 이어질 가능성이 크다.

* Spike는 동사이므로 범죄 의미로 이 단어를 쓰려면 Spiking이라 해야 하고, 한국어로 옮기면 '남의 음료나 음식에 술이나 약을 몰래 타는 행위'의 뜻이 된다. 간혹, 데이트 강간이라는 단어도 쓰지만 이는 약물이나 위력을 이용하여 강간을 저지르는 범죄만 가리킨다. Spiking의 의미와 꼭 맞아떨어지는 한국어 범죄 용어가 없는 듯하니 이 자리에서는 편의상 '스파이킹'이라 간단히 쓰겠다.

지금껏 알려진 스파이킹 범죄는 주로 술잔에 약물을 넣는 형태였는데, 친구가 공유한 글은 새로운 형태의 스파이킹을 당한 피해자의 사례였다. 술과 음악, 조명이 어우러져 혼란스러운 틈을 타서 남의 신체에 주삿바늘을 찔러 약물을 주입한다고 하니 경악할 일이지 않은가? 단순히 몸속에 주입된 약물에 의한 피해만 걱정하는 건 아니다. 불법으로 저지르는 행위인 만큼 주삿바늘의 위생도 우려할 일이다.

이 글을 공유한 친구는 당시 대학 신입생 딸을 두고 있었다. 그리고, 원글을 쓴 사람 또한 비슷한 나이의 딸을 두었다. 입시 부담이 끝나고 집과 부모를 떠나 처음으로 자유를 만끽하는 여대생이 이런 범죄에 노출될 가능성이 크다. 그러니, 이들의 부모와 또래 여성에게 경각심을 불러일으키고자 딸의 사연을 공유한 것이리라. 영국에서의 스파이킹 피해 사례 증가도 대학의 개강 시기와 맞물린다.

대학 신입생을 대상으로, 술을 마실 때 자신의 술잔을 감시하고 낯선 사람이 건네는 술을 거절하라는 주의가 내려지기도 한다. 또한, 학교 근처 업소를 대상으로 범죄 예방을 위한 교육도 실시한다. 술잔에 덮개를 부착하고 클럽에 입장하는 손님의 몸수색, 소지품 검사를 실시하도록 요구한다.

스파이킹 범죄를 예방하기 위한 차원에서, 전용 스티커나 덮개를 제공하여 음료를 보호할 수 있도록 배려하는 술집과 클럽도 생겨났다.

이처럼 술잔에 약물을 넣는 기존의 스파이킹 범죄에 대한 경계가 강화되자, 아직은 소수 사례에 해당하지만, 주사기를 이용하는 새로운 형태의 스파이킹이 그 모습을 드러내고 있다는 점이 우려스럽다.

범인이 여대생만 노린다 할 수 없다. 피해자 중 다수가 여성이면서 30대와 40대도 있으며 여성에게만 해당한다고 볼 수도 없다. 술집이나 클럽에 가는 사람이라면 누구나 당할 수 있으므로 주의를 기울여야 한다. 특히, 생소한 환경에서 술을 마신다면 경계할 필요가 있다.

영국에 처음 오는 가족에게 이 스파이킹 범죄에 대해 경고해 준 적이 있다. 대학생 딸을 두었으니 도움이 되겠다 싶어서다. 하지만, 이 집의 아버지가 그토록 보수적이고 엄한 사람인지 몰랐다. 영국에 거주하는 동안 두 딸이 친구들과 어울려 술집에 가거나 밤늦게 모임을 가지는 것을 극도로 반대했다고 한다. 그 모든 반대의 근거로 내가 말한 '영국의 스파이킹 주의보'가 깔려 있었다.

술집이나 클럽에 갈 때 조심하라고 했지, 아예 가지 말라고는 안 했는데….

내가 일러준 영국에서의 다른 주의 사항은 선택적으로만 실천하던 가족이다. 어쨌건, 이 집 따님들에게 내가 큰 죄를 지은 기분이 들었다. 이 글을 읽는 다른 분들도 영국의 클럽과 술집을 범죄의 온상으로 여겨, 밤 문화를 스스로 포기하거나 가족에게 강요하지 말았으면 한다.

몇 가지 주의 사항을 준수하면 영국의 밤 문화를 안전하게 즐길 수 있다.

첫째, 자신의 술잔을 감시한다.

물론, 쉽지 않다.

먹고 마시고 즐기러 간 장소에서 술잔만 들여다보고 있을 수는 없으니. 쉽지 않지만 자신의 술잔이 범죄에 노출될 수 있다는 가능성은 염두에 두자. 낯선 사람들로 붐비는 장소에서 술을 마시다가 잔을 남겨둔 채 춤을 추러 가거나 화장실에 가는 순간을 범죄자들이 노린다. 앞서 언급한 것처럼 잔이나 병에 덮개를 씌우는 업소를 이용해 보자.

둘째, 친구들과 함께 어울린다.

이 항목이 무엇보다 중요하다. 아무리 자신의 술잔을 감시하더라도 주삿바늘에 찔리거나 다른 교묘한 신종 범죄에 당할 수 있기 때문이다. 술을 마시고 귀가하기 전까지 친구들과 어울리고 귀가 후에도 서로 연락을 주고받으며 이상 징후가 없는지 수시로 확인할 필요가 있다.

범죄에 당했다 싶으면 친구와 주변 사람, 업소 직원에게 도움을 요청하자. 낯선 곳에서 혼자 술을 마시는 행위도 위험하다. 이런 분위기를 즐기는 사람이 있을 텐데 이제 세상이 무서워졌다.

셋째, 낯선 사람을 경계한다.

누군가 자신에게 관심을 보인다고 경계를 풀면 안 된다. 낯선 이가 권하는 술이나 음료는 마시지 않는 편이 좋다. 또한, 무턱대고 이들을 따라가는 행위도 위험하다. 주변 사람을 모두 잠정적인 범죄자로 취급해야 하는 불합리한 상황이지만 주의를 기울일 필요는 있다.

넷째, 과도한 음주를 삼간다.

누군가 내 잔에 약을 타는 일이 없더라도, 과도한 음주만으로도 범죄에 노출될 가능성이 있다. 영국에는 청량음료와 알코올이 결합된 형태의 음료인 '알코팝'이 흔하다. 달콤한 맛과 현란한 색상에 빠져 계속 마시다가 자신도 모르게 금방 취하기 쉽다.

다섯째, 술을 마신 후 이상 징후가 있는지 확인한다.

어떤 종류의 술에 어떤 약물을 혼합했는지에 따라 징후가 다르겠지만, 스파이킹에 당한 경우 지나치게 급속도로 술에 취하거나 근육 마비, 구토 등을 동반할 수 있다. 마약에 의한 환각 증세도 있다고 한다.

특히, 주삿바늘의 경우 맞는 순간 찌르는 통증과 함께 신체 부위에 바늘 자국이 남을 수 있다. 스파이킹 피해자 대부분이 만취했을 때처럼 필름이 끊기는 현상을 겪는다고 한다. 의심스러운 징후가 있으면 주변 사람에게 도움을 요청해서 되도록 빨리 병원을 찾자.

1년 반가량 코로나 봉쇄령이 시행되던 영국에서는 일부 필수 업종을 제외하고 대부분의 산업이 꽁꽁 묶여 있었다. 그중 술집과 클럽이 가장 오랜 시간 동안 타격을 받았다. 그러다가 2021년 7월, 봉쇄령이 해제되자 기다렸다는 듯 수많은 사람들이 술집과 클럽에 몰려들면서 관련 업체들이 오랜 침체 끝에 활기를 띠게 되었다. 하지만, 이를 틈 타 그동안 움츠러들었던 스파이킹 범죄마저 한꺼번에 기승을 부리기 시작했다.

안전하게 밤 문화를 즐기자.

공포의 병원 진료

남편과 함께 병원에 들렀다.

몇 주간 복통이 심해지고 화장실 가기도 힘들어서다. 회사일로 바쁜 남편이 직접 병원을 예약하고 반차까지 내어 따라와야 하니 의사를 만나기까지 제법 시간이 걸렸다.

병원 예약에만 시간이 걸린 건 아니다.

진료실에 앉아 의사와 남편의 얼굴을 번갈아 쳐다봐야 했다. 의사가 묻는 말을 남편이 내게 전해주면 내가 답변하고 이를 다시 남편이 의사에게 전달하는 과정을 거쳤다. 이 모든 대화가 영어에서 한국어로, 다시 한국어에서 영어로 진행되었다.

예전에도 내 병원 진료는 물론 쇼핑에도 따라나서서 통역사 역할을 해주던 남편이다. 그런데, 이번 병원에서의 대화는 무언가 더 복잡한 것 같다. 때때로 남편의 얼굴이 붉어지기도 하고 답변하기 곤란해 쩔쩔매는 것이 아닌가. 나중에는 내게 와야 할 질문을 남편이 곧바로 답해버리기도 했다.

내가 아파서 온 건데 왜 남편이 답을 하고 있지? 안 그래도 내가 영어를 못해 남편의 입을 거쳐야 하느라 갑갑한데 의사가 한 말을 왜 내게 전달해 주지 않을까, 내막을 알 수 없어 조바심이 났다.

한동안 남편과만 대화를 나누던 의사가 갑자기 진지한 표정으로 나를 쳐다보더니 무언가 정중하게 요청했다.

분명 의사가 내게 말하는 듯한데도 남편이 아무 말 없길래 내가 재촉했다.

"남편, 빨리 통역해 줘!"
"……."
"남편?"
"바지와 팬티까지 모두 벗고 저기 옆에 있는 침대에 가서 누우래."
"왓?"

진짜 의사가 그렇게 시키더냐고 따지듯 물었지만 남편은 애써 내 시선을 피하는 눈치다. 고개를 숙인 채 그렇다는 말만 반복할 뿐이다.

여기까지 영국에서 만난 K의 사연이다.

병원에서 겪은 황당하고 무안한 경험을 상세히 다 들려주기엔 K와 나, 둘은 너무나 서먹한 사이였나 보다. 내가 들은 그날의 경험은 딱 여기까지다. 비슷한 연령대의 여성을 위해 병원 통역을 해준 적도 있고, 나 또한 여성 질환에 관심이 많을 수밖에 없는 나이이므로 추측해 볼 수는 있다. 이 여성이 앓은 병은 방광염이 아니었을까.

방광염에 대해 이야기하려고 글을 시작한 건 아니다. 영국에 처음 오는 사람이라면, 특히 영어를 못한다면, 병원 방문 목적과 상관없이, 대부분 K와 비슷한 경험을 한다.

여성은 검사받을 항목이 남성에 비해 더 많고 그래서 질병도 더 많다. 평소 건강한 편이라도 남성보다 병원 출입을 더 자주 할 수밖에 없다.

임신을 염두에 두고 있는 여성은 임신 전 예방 접종과 검진이 필요하다. 임산부라면 산전, 산후까지 각종 검사가 필요하다. 당분간 임신을 미루려고 피임약 처방을 받거나 피임 시술을 받기도 한다. 50세 이상의 경우 유방암 검사도 권장된다. 이 모든 검사와 진료에는 일반 남성이 여성을 대신해 답변하기 곤란한 정보가 많다.

여성이 주로 걸리는 질병 혹은 시술 때문에 병원을 찾으면 환자의 생리 주기와 마지막 생리일, 최근 성관계 날짜, 피임법, 가족 계획 등 당사자가 아니면 답하기 곤란한 질문을 한다. 솔직히 환자 입장에서 왜 이런 질문에 답해야 하는지 이해가 안 될 때도 있다.

하물며, 환자 본인도 아니고 여성의 질병에 대해 모르는 이라면 얼마나 이해가 안 되고 곤란하겠나. 위 사연에 나온 남성이 답변에 쩔쩔매기도 하고 얼굴을 붉힐 수밖에 없었던 이유다.

여성을 괴롭히는 질병을 피하기는 쉽지 않더라도, 이들 부부처럼 얼굴을 붉힐만한 상황은 어느 정도 예방할 수 있다. 번거롭더라도 병원을 방문하기 전 환자의 병이나 증세를 미리 영어로 검색하는 방식으로 말이다.

아무리 영어를 잘하더라도 질병에 대해 모르는 이라면 위 사연처럼 의사와 대화 나누기에 쉽지 않다. 심지어 잘 아는 병이라도 영어로 상담해 본 적 없다면 대화 도중 막힐 수 있다. 지금 당장 사전도 없이 위염, 기관지염, 수족구병, 습진 등 영국에서 흔하게 걸리는 병에 대해 영어로 설명할 수 있겠는가?

물론, K처럼 무슨 병인지 모르고 단순히 아프다는 이유로 병원을 찾는 경우도 있다. 그러면, 환자의 증세만이라도 영어로 파악하고 가자.

- 배가 계속 아프고 화장실 가는 일이 힘들다.
- 속이 쓰리고 신물이 넘어온다.
- 마른기침이 나오고 숨을 내쉴 때마다 목에서 이상한 소리가 난다.
- 눈이 충혈되고 재채기를 한다.

영국의 병원에서 진료를 받아본 적 없다면 이 정도 표현도 금방 나오지 않을 수 있다. 의사의 질문은 생각보다 집요하고 엉뚱하다. 의료 상식이 없는 일반인 입장에서 보면 이런 질문은 왜 하나 싶은 정도다.

영어를 못하거나, 혹은 의료 상식이 없으면 병원에 가지 말라는 소리가 아니다.

영국의 국민의료보험 기관인 NHS의 웹사이트(www.nhs.uk)는 의료 정보 검색에 유용하다. 내용도 잘 정리되어 있지만 병명은 모른 채 증세만으로 병을 파악할 수 있고, 환자가 대처해야 할 방식을 영국의 현실에 맞게 설명해 준다.

가령, 눈물이 나거나 눈이 충혈되고 재채기를 한다면, 영국의 봄에 유행하는 꽃가루 알레르기일 가능성이 크다. 당장은 병명을 모르니 증세만으로 검색하거나 혹은 이미 알고 있다면 Hay fever'로 검색해 보자. 이때 나오는 영어 자료를 미리 읽어보고 병원에 가면 의사와의 대화가 한결 쉬워진다.

영어 실력이 부족하다면, 한국의 포털 사이트를 먼저 참조한 후 NHS 사이트로 넘어가면 된다.

병이나 증세에 대해 미리 검색해 두면 의사와의 상담이 쉬워진다는 점 외에 이점이 또 있다.

어떤 진료가 기다리고 있는지 미리 파악할 수 있고 그래서 마음의 준비가 가능하다는 점이다. 기혼 여성이라면, 앞서 나온 K와 비슷한 진료를 이전에 받았을 가능성이 크다. 장소와 언어는 다르지만 전혀 생소한 검진 분위기도 아니다. 하지만, 마음의 준비가 안 된 상태에서 갑자기 옷을 벗고 침대에 누우라는 지시를 받으면 누구나 당황할 수밖에 없다.

남자 의사의 진료가 거북하다면 여자 의사로 사전에 요청할 기회도 주어진다. 또한, 병원 통역사도 무료로 신청할 수 있다. 다만, 통역사는 병원에 소속된 직원이 아니므로 사전에 신청해야 하고 원하는 날짜와 시간에 맞추기 힘들다는 불편한 점은 있다. 주변 지인에게 미리 도움을 요청하는 방법도 있다.

이런 번거로움 때문인지, 영국에 사는 한국인 중 병원을 안 가려 하는 이가 더러 있다.

한국에 들를 때마다 종합검진을 받는 데다 미뤄두었던 진료까지 한꺼번에 해결하고 오니 오히려 편하다고까지 한다. 영국에서의 병원 등록 자체를 안 하겠다 고집 피우는 이도 있었다. '가족 모두 건강하다'는 것이 거부 이유였다.

영국 비자 발급을 위해 거액의 의료보험료를 지불하고도 의료 혜택을 포기하는 셈이다. 주치의 제도가 있는 영국에서 병원 등록을 안 하고 있다가 갑작스러운 증세로 병원을 찾는다면 불법 체류자 신세와 별 차이가 없어진다.

이들은 시스템이 느리고 낯선, 때로는 비효율적이기까지 한 영국보다 한국의 의료서비스를 더 신뢰한다는 점을 강조하지만, 실상은 영국의 병원을 두려워하는 것으로 보여 안타까울 뿐이다.

낯선 타국에서 아프면 더 고생이다. 두렵고 불편하더라도 병원에 꼭 가자.

무단횡단? 그게 뭔가요?

학회 참석차 애틀랜타에 머물고 있을 때다. 도로를 사이에 두고 양편에 위치한 두 개의 호텔에서 학회가 동시에 열리고 있었다. H 호텔에서 한 세션을 마치고 다음 행사 장소인 맞은편 호텔로 가기 위해 도로를 건널 때였다. 한 젊은이가 불쑥 내 앞을 가로막더니 "이곳에서 길을 건너면 안 됩니다!"라고 소리치는 것이 아닌가.

처음 만난 사이에 대뜸 소리부터 치니 불쾌했지만, "조언해 줘서 고마워요"라고 말을 건넨 후 목적지로 계속 향했다. 그랬더니 이 사람이 아까보다 더 거친 태도로 나오며 내게 신분증을 보여달라고 했다. 낯선 사람이 무작정 신분증을 요구하니 황당할 수밖에 없어, "그럼 당신 것부터 보여주시오"라고 받아쳤다. 그랬더니, 이 남자가 "당신을 체포하겠소"라고 외치며 내 다리를 발로 걸어 차고 땅바닥에 쓰러뜨려 꼼짝 못 하게 했다. 이 남자의 동료로 보이는 이들까지 갑자기 여럿 나타나 내 주위를 둘러쌌다.

이는 영국의 한 교수가 미국에서 겪은 일이다.

이 사건이 실린 기사의 원본을 읽고, 해당 교수의 입장에서 내가 옮겨 적은 글이다.

교수는 이날 경찰에 체포되어 8시간이나 철창 신세를 져야 했다. 2007년에 있었던 일인데 무기도 없고 도주범도 아닌, 무단횡단이라는 이유만으로 50대 남성에게 다섯 명의 경찰이 달려든 셈이다.

미국 경찰의 과잉 대응과 폭력은 그때나 지금이나 논란이 되긴 마찬가지인가 보다. 영국 문화에 익숙한 이 교수는 미국의 교통법규는 물론 경찰 명령과 복종 문화를 알지 못한 것이다. 상대가 경찰인지도 몰랐다고 한다.

영국에는 '무단횡단'이라는 말이 없다. 엄밀히 따지면, Jaywalking이라는 단어는 존재하지만 쓸 일이 없다고 봐야 한다. '무단횡단'을 규정하는 법이 없기 때문이다.

초보 해외 여행자를 대하는 여행사 직원은 물론 노부모에게 효도 관광을 시켜주는 자녀라면,

"외국에서는 무단횡단이 불법입니다. 영국에서처럼 아무 데서나 길을 건너면 안 돼요. 벌금을 내거나 체포당할 수도 있으니 조심해야 합니다."

라고 누누이 강조할 정도다.

영국의 거리를 걷다 보면 신호등과 건널목을 눈앞에 두고도 차도를 당당하게 건너는 사람이 더러 있다. 아직 초록 신호등이 안 들어왔는데도 자연스럽게 횡단보도를 지나기도 한다. 길을 가던 경찰까지 이들 무단횡단 대열에 동참할 때도 있어서 처음에는 당황스러웠다.

어린 아들을 동반하고 다니던 시절, 도로에서 달리던 차가 먼발치부터 속도를 늦추고는 우리 모자더러 길을 건너라고 손짓을 해주기도 했다. 아직 길 건널 생각도 없는 사람에게 말이다.

고속도로처럼 보행자의 출입 자체가 불가능한 곳을 제외하고 영국의 모든 도로는 건널 수 있다. 사람, 동물 할 것 없이 누구든 먼저 도로에 발을 들여놓으면 우선권이 주어지므로 운전자는 차를 정지할 의무가 있다.

이렇듯 보행자를 배려하는 광경을 자주 목격하다 보니 외국인들은 '영국 운전자가 친절하다'라고 평한다. 알고 보면, 이는 기본 교통법규를 준수한 것에 불과하다.

영국의 도로 안전 수칙을 소개한 사이트를 참조해 보면 보행자가 안전하게 길을 건너는 방법이라고 나오지만, 실상은 운전자가 유념해야 할 주의 사항에 더 가깝다. 건널목이 많지 않은 영국의 주택가에는 아무 데서나 길을 건너기 때문이다.

또한, 운전자가 도로변에서 보행자를 만났을 때 대처하는 광경도 눈에 띈다. 좌회전으로 도로를 꺾어 들어오려 하지만 바로 앞에 이미 보행자가 발을 들여놓았기에 이 상황에서는 보행자에게 우선권이 주어진다. 무단횡단이라는 개념이 없는 영국인에게는 자연스럽지만 이런 사실을 모른다면 상당히 위험해 보일 만한 상황이다.

영국에 처음 오는 분들에게.

영국의 운전자가 친절하다고 (혹은 법규를 잘 지킨다고) 여유를 가지면 안 됩니다. 정지선도 제대로 안 지켜놓고 보행자에게 신경질적으로 나오는 운전자도 간혹 있습니다. 무단횡단이 가능하다고 마음 놓고 돌아다녀도 안 됩니다. 운전 방향이 한국과 반대이니 어린이는 물론 성인도 길을 건널 때 좌우 살피는 방식에 새로 적응해야 합니다.

한편, 운전하는 분들은, 어디서나 보행자가 튀어나올 수 있고 건널목이 아닌 곳에도 길을 건너는 이가 종종 있으니 이에 대비하세요.

영국에서 아이도 크고
어른도 크고

지극히 주관적인 영국 경험기

내 아이의 한국어 발음을 듣고
박장대소하던 그대에게

"야, 저건 너무 비현실적인데요!"

드라마 〈미스터 션샤인〉을 보던 중 아들이 한 말이다.

어느 특정 장면을 지칭하는 건 아니다. 매회 드라마를 시청할 때마다 자주 인용되는 주인공의 성장 배경과 성인이 된 모습이 아들에게는 비현실로 다가왔기 때문이다.

같은 장면, 같은 상황을 접하더라도 사람은 자신의 경험에 따라 다르게 해석할 수 있다. 영국에서 한국인 부모와 함께 살아온 자신과 주인공 모습이 계속 비교되는 건 아들 입장에서 어쩔 수 없는 일인가 보다.

미리 밝혀두지만, 우리 가족은 이 드라마의 광팬이다. 작가와 연출, 제작진, 연기자는 물론 넷플릭스에게까지 이런 훌륭한 작품을 탄생시키고, 해외에서도 볼 수 있게 해 준 것에 감사하다.

주인공 유진 초이는 한국어와 영어, 일본어까지 능통한 사람이다. 미국인이면서 통역사 없이 조선의 궁궐을 들락거릴 뿐만 아니라 사대부 집안 규수와 진지한 대화를 나누고 사랑, 연민의 감정까지 느낀다.

그런데, 그렇게 한국어에 능통한 사람이 정작 글자는 쓸 줄 몰라서 어린 꼬마 선생에게 가, 나, 다부터 배운다. 한 나라의 왕과 독대를 할 정도로 현지 언어가 완벽한 사람이, 어떻게 그 글자는 쓰지도 읽지도 못한단 말인가?

무엇보다, 어린 나이에 고국을 도망쳐 미국에서 혈혈단신 살아남은 사람이 성인이 되어서도 모국어를 기억하는 것 자체가 가능한 일인가?

유진 초이처럼 해외에서 성장한 내 아들의 상황과 비교하지 않을 수 없다. 같은 드라마를 보는 아들도 나와 비슷한 생각을 한 셈이다.

드라마가 현실을 100% 반영해 주기를 바라는 이는 아무도 없을 것이다. 그럼에도, 드라마 속 비현실적 요소에 거부감을 느끼지 않는 이도 없을 것이다.

천애고아 유진 초이에 비해 내 아들은 시대적 배경이나 환경 면에서 훨씬 더 유리한 유년 시절을 보냈다고 할 수 있다. 21세기 영국에서 한국인 부모와 살면서 매일 자연스럽게 한국어에 노출되었다. 한국어로 된 책을 읽고 드라마와 영화도 볼 뿐만 아니라 인터넷 검색도 한다. 유진 초이가 도망쳤다가 되돌아온 조선의 시대적 배경이 담긴 역사책도 읽는다.

그런 내 아들의 한국어 실력은 어느 정도일까?

유진 초이가 한 자 한 자 어렵게 읽고 배우는 가, 나, 다는 이미 이전에 다 깨우치고 지금은 편지를 쓰고 컴퓨터 자판을 두드릴 정도의 실력이다. 아마, 드라마 초기 장면의 유진 초이와 내 아들이 한국어 시험지를 두고 대결을 벌이면 아들이 더 우수한 성적을 받겠지.

그런 아들이라 해도 정작 드라마 속 유진 초이가 하는 대사조차 완벽히 이해하지 못할 때가 있다. 대본을 가져다줘도 발 연기, 국어책 읽기 연기는 고사하고 자연스럽게 읽어내는 것조차 버거워할 것이다.

자신과는 비교할 수 없을 정도로 뛰어난 남자 주인공의 한국어 실력에 아들이 주눅 들지 않도록 "드라마가 거의 판타지네"라고 하며 나는 곁에서 아들의 주장을 두둔해 줬다.

피붙이 하나 없이 외국에서 혼자 성장하고도 모국어를 능숙하게 구사하고 3개 국어까지 통달한 언어 천재요, 불법 이민 고아로 시작해 미군 장교 자리에 오른 입지전적 인물을 조선이 놓치다니.

자녀의 언어 교육을 두고 고민하는 해외 거주자가 많다. 현지 언어는 학교와 책, TV를 통해 아이들이 자연스럽게 익히지만, 모국어 공부는 한국에서의 외국어 공부처럼 시간과 정성을 들여야 해서다.

영국에 사는 한인 가정의 자녀만 보더라도, 대체로 한국어가 어눌하거나 아예 못하는 경우도 더러 있다. 그래서인지 한국어로 읽고 쓰고 타자도 가능한 내 아들의 솜씨에 감탄하는 사람이 있다. 물론, 이는 해외에서 오래 생활한 사람만 이해 가능한 감탄이다. 해외 경험이 없는 사람은 내 아들의 어눌한 말투만 듣고 비웃는 경우도 있다.

"야, 너 말하는 거 너무 웃긴다야. 영국에 살면서 사투리를 다 쓰네."

A가 내 아들을 보며 한 말이다.

학교와 직장을 모두 경상권에서 다니고 대부분 같은 지역 출신들과 시간을 보낸 경상도 사나이 아빠와 대화를 자주 나누다 보니, 아들이 말투마저 아빠를 따라간 모양이다. 같은 경상권 출신이라도 나는 고향을 먼저 말하지 않으면 주변에서 모를 정도로 사투리가 심하지 않은 편이다.

아이가 구사하는 어눌한 한국어와 사투리, 어색한 존댓말까지 웃음 요소로 작용했을 테다. 한국어 교육을 위해, 나는 아이와의 모든 대화를 존댓말로 나누고 부부 사이에도 존댓말을 쓰던 시절이다.

문제는, 아들이 어린 친구에게까지 존댓말을 쓴다는 점이다.

"여기에다 이걸 깔고요, 이쪽으로 이르케 통가시키면 댄다요."
"아니다요, 그르케 하면 안 댄다요. 내가 보여줄 끼다요, 따라 해 보시오!"

자기보다 더 어린 꼬마들에게 장난감 조립 시범을 보이는 초딩 아들의 말투다. 이 말투만으로도 웃긴데 여기에 사투리까지 더해야 당시 상황이 재연된다.

이날 꼬마들은 진지하게 아들의 설명을 듣는데, 옆에 있던 꼬마들의 엄마가 갑자기 온몸으로 쓰러지며 박장대소를 했다. 웃기만 하는 게 아니라 '웃긴다'라고 큰 소리로 외치고 손뼉까지 쳐댔다.

이 정도에서 그쳤으면 그나마 다행이다.

아들이 한마디 한마디 꺼낼 때마다, 이를 놓치지 않고 크게 웃고 떠들고 박수치기를 이어갔다. 30대 초반의 여성에게서, 특유의 웃음소리로 유명한 여배우가 연기하던 우스꽝스러운 50대 아줌마가 연상되었다.

정작 A도 사투리를 썼다.

자녀들은 아무런 편견 없이 내 아들과 잘 어울렸건만 A가 시도 때도 없이 웃고 떠드는 바람에 제법 진지하게 이어지던 아이들 놀이에 흐름이 끊겼다.

아들의 말투가 웃기긴 하다 싶었지만 계속되는 이 여성의 행동이 눈에 거슬렸다. 조용히 여자의 팔목을 잡아끌고 가서 진지한 대화를 나누고 싶은 심정이었다.

"말이 어눌하고 사투리를 쓴다는 이유로 애 앞에서 그렇게 크게 웃어야 하나요?"
"어른이 웃는 이유를 몰라서, 애가 당황하는 모습이 안 보이나요?"
"당신이 맡고 있는 학급에 우리 아들 같은 학생이 전학 와도 그렇게 웃을 건가요?"

곧 한국으로 복귀하는 가정이라니 얼마나 다행인가 싶었다. A가 근무하는 학교에 해외파 학생이 다니지 않기를 바랄 뿐이었다.

"내 이름은 김순녀…. 내 고향은 절라북도 상내면 넝고리…."

한 할머니가 통곡 조로 노래하듯 외치는 소리다.

10대 소녀 시절, 일본군에게 끌려가 온갖 고초를 다 겪은 위안부 출신 할머니의 사연이다. 할머니의 성함과 주소는 실제가 아니다.

할머니는 일본군에게서 풀려나 자유의 몸이 되고도 고국 땅을 밟지 못했다. 태국에 정착해 오랜 세월 살면서 모국어인 한국어마저 잊은 상태였다. 언젠가는 돌아가고픈 고향에 대한 그리움으로 자신의 이름과 고향 주소만 외울 뿐이다.

시대적 배경과 나이, 성별은 다르지만 이 할머니의 모습이 내가 생각하는 현실 속 유진 초이다.

우리 학교 교장으로 지원한 동기가 무엇인가요?

"제가 학생 심사위원으로 뽑혀서 내일 교장 선생님 후보를 면접하러 가요."

뭔가 잘못 들은 건가 했다.

한국의 또래 청소년에 비해 한글 표현력이 떨어질 수밖에 없는 아들이 의사 전달을 잘못했나 싶어서다. 교장 선생님을 왜 학생이 면접한다는 거지? 그리고, 왜 하필 내 아들이지? 당시 아들은 학교에서 아무런 직책을 맡지 않고 있었다.

그런데, 틀린 말은 아니었다. 다만, 학교에서 들은 그대로 'Pupil panel'과 'Candidate' 등, 평소 아들이 한글로 옮기기 힘들어하는 영어 단어가 그대로 섞인 걸 이 자리에 한글로 옮겼을 뿐이다.

영국에서 아이도 크고 어른도 크고 57

아들이 다니는 학교의 교장 선생님이 은퇴하신다는 소식이 들린 건 이보다 두어 달 전의 일이다. 곧, 새 교장이 부임하겠거니 짐작하고는 신경 쓰지 않았다. 아들의 학교 생활에 당장 큰 영향을 줄 것 같지 않아서다.

은퇴 소식이 잊혀갈 무렵, 아들이 대뜸 새 교장 선생님을 면접하러 간다는 말을 하는 것이 아닌가.

교장이 중앙 기관에서 발령받아 오는 것이 아니라면, 누가 심사해서 뽑는 걸까? 정말, 아들과 같은 학생이 관여할 수 있는 일일까? 잠시 의문이 들었다.

영국의 공립학교 채용 규정을 찾아보니, 3명 이상의 학교 운영위원이 포함된 심사위원단이 후보를 심사해서 직접 교장을 뽑는다고 한다. 이 3명 외에도, 운영위원회에서 추천하는 사람을 심사위원단에 포함시킬 수 있는데, 필수 규정은 아니지만, 학생을 참여시키는 것이 관습이라고 한다.

초등학교와 대학교도 마찬가지다. 아들 학교의 경우, 각 학년별로 한 명씩 학생 심사위원을 맡도록 하는데, 아들이 9학년 대표로 교장 선생님을 심사하는 셈이다.

학생 심사위원으로부터 받을 수 있는 예상 질문과 면접 대비 방법이 인터넷 검색에도 나올 정도로 영국의 학생 심사 참여는 흔하다.

교장 후보가 될 정도의 경력이라면 이미 성인 교육 관계자로부터 수많은 질문을 받고 답한 경험이 있을 터이니, 일반 심사단의 질문은 예측 가능한 영역이다. 하지만, 수십 년의 나이 차가 나는 어린 학생이 던지는 질문은 예상치 못한 난관이 될 수 있다.

이런 중요한 역할이 내 아들에게 내려지다니, 일단 감격부터 하고, 어쩌다 그런 중요한 임무를 맡았냐고 내가 물었다. 그랬더니, 담임 선생님이 무작위로 선정했다는 싱거운 답변이 돌아왔다. "아무나 뽑히는 자리였어?"라고 말하며 내가 실망을 감추지 못했다. 그러자, '진지함이 요구되는 임무인 만큼, 평소 장난이 심하거나 소란스러운 학생에게는 기회가 없다'고 아들이 급히 방어에 나섰다.

실제, 영국의 학교에서는 학생이 중심이 되는 학생위원회가 학교의 주요 활동을 의논하고 결정하는 과정에 참여한다.

교장 선생님은 높고 높으신, 우러러봐야 하는 존재로, 감히 학생이 심사한다는 건 꿈도 못 꾸는 분위기였던 나의 학창 시절을 아들에게 들려주었다. 그에 비해 이 얼마나 좋은 제도냐 감탄하며, 아들에게 이런 기회가 주어진 것에 대해 소감을 들려달라고 했다.

"면접 보느라 수업에 빠져 좋구나 싶어서, 그때 무슨 과목 시간인지 찾아봤어요."

아들의 솔직한 답을 듣고 또 한 번 김 빠지는 기분이 들었다. 더 이상 기대는 접어두고, 아들에게 마이크를 넘겨 이날의 자취를 들어보자.

[면접 당일]

오늘 오전 수업은 빠지고 임시 면접장으로 꾸려진 도서관에 갔다. 낯익은 선생님 두 명과 낯선 얼굴의 어른 세 명까지 총 5명의 후보가 앉아있었다. 그런데, 면접 순서 3번인 S 선생님이 나타나지 않는 바람에 면접 도중 40여 분 정도의 공백이 생겼다.

*(엄마의 생각) 나중에 안 사실이지만, S 선생님은 이탈리아에서 온 친구를 만났다는 이유로 자가격리 중이었다. 2020년의 일로, 당시 유럽의 코로나 확진자 수가 폭발적으로 늘게 된 지점인 이탈리아로 여행을 다녀온 사람은 물론 이들과 접촉한 사람까지 모두 자가격리를 하고 있었다. 다행히, S 선생님은 나중에 건강한 모습으로 업무에 복귀하였지만, 이미 교장 후보 심사가 끝난 후다.

학생 심사위원들에게 종이가 배포되었다. 후보자에게 던질 질문이 담겨있었다.

* (엄마의 생각) 질문지가 미리 주어진다고? 천진난만하고 기발한 발상에서 나온 '즉석' 질문을 학생이 던지고, 이에 어른 후보가 쩔쩔매며 답변하는 광경이 상상되어 은근 기대했는데 또 실망이다. 이런 내 속마음을 털어놨더니, 아들이 한심하다는 표정으로 나를 쳐다봤다.

내 옆에 있던 학생 심사위원 J의 질문이다.

"무인도에 갈 때 세 가지 물건을 챙겨 갈 수 있다면, 무얼 가져가겠습니까?"

기억에 남는 답변으로는
- 가족사진
- 크리켓 공
- 책
- 낚싯대

등이 있다.

* (엄마의 생각) 섬나라의 특성인지는 모르겠으나, 영국인은 무인도에 대한 질문을 유독 좋아한다. 무인도에서 무얼 할지, 무얼 챙겨 갈지에 대한 질문을 자주 한다. 다른 상황에도 나올지 모르니, 무인도 질문에 대처할 수 있도록 참신한 답변을 미리 준비해 둬야겠다.

나에게 주어진 질문은

1. 수업에 지장을 주는 문제 학생을 어떻게 관리하겠습니까?
2. 교직원과 학생들로부터 존경받는 교장이 되기 위해 어떻게 노력하겠습니까?

였다.

다들 열심히 답변하고자 애썼지만 대부분 추상적인 내용이었다. 우리 학교에서 수년간 교직 생활을 하고 학생위원회 활동까지 지도한 E 선생님이 학교에서의 경험을 바탕으로 구체적인 답변을 주셨다.

E 선생님께서, 자신의 답변 내용은 비밀이니까 외부에 공개하지 말 것을 당부하셨기에, 이 자리에서 밝힐 수 없다. 엄마가 아무리 알려달라고 졸라대도 안 할 것이다.

* (엄마의 생각) 아들 입장에서는 E 선생님과의 약속을 지켜야 한다는 사명감에서 주장하는 바겠지만, 답변 내용을 진작에 잊어버려서가 아닐까 의심해 본다.

심사 결과, 구체적인 답변과 향후 계획, 학교에서의 오랜 경력 덕분인지 E 선생님이 새 교장 선생님으로 최종 선정되었다.

딜도와 콘돔이 등장했다는 아들의 수업 시간

"오늘 학교에서 고글을 쓰고 딜도에 콘돔 씌우는 게임을 했어요."

이날도 아들은 흥미진진하게 학교 생활을 하고 온 모양이다. 9학년(한국의 중3에 해당)이 되고부터 아주 흥미로운 과목을 배우기 시작한 아들이다. 2주에 한 번씩 하는 PSHE 수업이 바로 그 대상이다.

사전에서 PSHE를 검색하면 Personal Social and Health Education의 약자라고 나온다. 하지만, 실제 잉글랜드 중등학교의 교과목인 PSHE는 Personal, Social, Health and Economic의 약자이다. 영국인도 E의 존재를 헷갈려 하긴 마찬가지다. 신생 과목이니 어쩔 수 없다. 아들마저도 마지막 E가 Education 아니었냐고 반문했다. (아들, 다시 찾아보길.)

4개의 각 단어가 PSHE 과목의 핵심 교육 내용인 셈이다. 말 그대로 사람과 사회, 건강, 경제를 공부한다. 입시 준비 말고도 올바른 인간이 되기 위한 진정한 인생 공부며, 학교를 졸업하고 사회인이 되었을 때를 대비한다.

인간관계와 마약, 술에 대한 내용이 주를 이루는데, 마지막 E가 암시하듯 금융 거래, 저축, 카드 사용 등 기본 경제 개념도 가르친다. 단순히 설명만 듣는 것이 아니라 비디오를 보면서 이해를 돕고, 토론과 게임도 한다.

기존의 교과목에서 다루지 못하고, 부모 세대가 학교를 다니던 시절에는 금기시하던 성윤리, 즉 섹스와 성폭력에 이어 알코올 중독, 마약, 생활 속 경제 상식까지 다룬다. 청소년이 흥미를 가질 만한 내용이면서 시험이나 성적, 발표, 숙제 등의 부담은 없다.

우리 가족은 저녁 식사 시간마다, "오늘 학교에서…"라고 시작되는 아들의 학교 브리핑을 듣는 것으로 하루를 마무리하는데, 초딩 버전부터 들어왔다.

한동안 이 PSHE 수업이 있는 날의 브리핑 덕택에 남편과 나는 저녁 시간을 고대하곤 했다. 10대 청소년이 부모에게 들려주기에는 민망한 내용이 많지만, 당사자가 민망해하거나 말거나, 우리 부부는 평소보다 귀를 쫑긋 세워 경청하고 질문도 열심히 했다. 아쉽게도 2주에 한 번밖에 없는 수업이라네.

딜도와 콘돔이 등장한 날도 바로 이런 수업 중의 하나다.

아들은 민망함을 감추기 위해 최대한 무덤덤한 목소리로 진행했다. 딜도와 콘돔이라는 단어만으로도 기가 찰 정도로 드라마틱한데 고글까지 쓰다니.

참고로, 이 고글은 Drunk Goggles 혹은 Drunk Buster Goggles라고도 불리는 제품으로 한국에서도 판매되는 '음주 체험 고글'이다. 음주 후 시야와 판단이 흐려지는 상황을 체험할 수 있도록 설계된 고글이다. 과도한 음주가 사람의 행동과 건강에 미치는 영향을 가르치기 위해 교육 현장에 많이 활용된다.

학교에서 이런 고글을 쓰고 누가 더 빨리 콘돔을 씌우는지 경기를 한다고? 그것도 딜도를 가지고?

PSHE는 잉글랜드의 학교에서 가르치는 과목명이고, 스코틀랜드를 비롯한 그 외 지역은 조금씩 다른 이름과 주제로 공부한다. 2000년대 이후 생겨난 신생 과목이라 학부모에게는 아직도 생소하다. 특히나 딜도와 콘돔이 등장하는 내용에 충격을 받았다고 토로하는 사람도 있다.

[영국의 초등학생과 성교육]

영국의 학생은, 딜도와 콘돔까지는 아니지만, 상당히 수위가 높은 내용의 성교육을 이미 초등학교에서부터 받는다. 학교마다 진행 방식은 조금씩 다르지만, 기존 세대와는 다른 교육 방식에 거부감을 가지는 이들을 위해 학부모 설명회도 미리 가지며 부모 세대의 이해를 돕는다.

모두가 엉클과 안트?

[해외에서 성장한 아이에게 친척이란]

"찰리는 에이미의 형이다요."

초등학생 아들이 작성한 독서 감상문에 나오는 문장이다. 이날은 영어로 된 동화책을 읽고 한글로 감상문을 적는 날이었다. 아들이 한글 쓰기를 힘겨워하는 걸 알기에 형식, 맞춤법 따지지 말고 내키는 대로 적어보라고 했다.

아들이 대학생이 되어 집을 떠날 정도로 이제 세월이 흘렀으니, 당시 읽은 책이 무엇인지 알기는커녕 그 내용조차 상기할 수 없다.

다만, 찰리와 에이미처럼 남매가 나오는 내용이었다는 정도만 기억한다. '오빠'라는 단어를 모르는 아들은 이야기 속 여자아이 에이미의

Brother를 형이라고 표현했다.

Sister가 여동생이나 언니, 누나가 될 수 있고, Brother가 남동생이나 오빠, 형으로 다양하게 쓰인다는 사실을 아들은 어렴풋이나마 알지만 실생활에서 활용하지는 못했다. 형제자매 관계를 Sister와 Brother만으로 표현하는 영국에서 성장했기 때문이다.

친족 범위를 더 넓혀가면 용어 구분은 훨씬 복잡해진다.

고모와 삼촌, 사촌, 당숙, 육촌, 숙모, 이모는 학교나 책이 아닌 실생활에서 친척과 교류하며 자연스럽게 배우는 생활 언어다. 하지만, 영국에서 나고 자란 아들은 한국의 또래 아이처럼 배울 기회가 거의 없었다. 가까운 친척의 사진을 넣어 만든 가계도를 방에 붙여줬지만, 그 외의 친척 용어는 아들을 이해시키기 어려웠다.

남편과 나 모두 여형제가 없으니 여성과 관련된 친척 표현을 특히 이해시키기 힘들었다. 누나와 숙모 정도는 알지만 언니와 고모, 이모는 주변에 실존 인물이 없어서 계속 헷갈려 했다. 이분들의 배우자인 형부, 고모부, 이모부는 말해 무엇 하랴. 결혼 후 영국에서 줄곧 살았던 나 또한 시가 친척의 명칭이 쉽게 떠오르지 않을 정도니.

영국에도 친척이라는 개념이 있을 텐데, TV나 책을 통해 그리고 영어를 한글로 옮기기만 하면 간접적으로 배울 수 있지 않나?

틀린 말은 아니지만, 영어의 친척 용어가 광범위하다는 문제가 있다.

영어로는 웬만한 친척이 다 Uncle, Aunt, Cousin이다. 실제 친척 명칭을 영어로 살펴보자.

Uncle
숙부, 백부, 고모부, 이모부
여기에 더해, 당숙을 Uncle이라고 하는 사람도 있다.

Aunt
숙모, 백모, 고모, 이모
당숙을 Uncle이라고 하면 당숙모는 자동으로 Aunt가 되겠지.

Great uncle
종조부, 큰할아버지, 대고모부

Great aunt
종조모, 큰할머니, 대고모

Cousin
이종 사촌, 고종 사촌

Distant cousin
육촌, 팔촌, 먼 친척…

Brother-in-law
처남, 매형, 시숙, 시동생, 형부, 제부

Sister-in-law
처제, 처형, 시누이, 형수, 제수

영국에서는 촌수로 사촌(First cousin)을 넘어가면 먼 친척(Distant cousin)이라고 한다. 물론, 육촌(Second cousin), 팔촌(Third cousin)이라는 표현이 영어로도 존재하지만 대부분 먼 친척으로 대체한다. 이들을 실제 만나서 촌수 따지는 기회가 별로 없어서다.

한국처럼 사대봉사의 전통에 따라 먼 친척까지 한 자리에 모여 제사를 지내는 문화가 없다. 부모 자식끼리도 사이가 벌어지면 성(姓)까지 바꾸고 연락을 끊고 살기도 한다.

2022년에 서거한 영국 여왕 엘리자베스 2세와 필립 공은 부부 사이면서 팔촌 관계다. 엘리자베스 여왕의 친고조 할머니가 필립 공의 외고조 할머니가 되기 때문이다. 이들 부부의 고조할머니인 빅토리아 여왕은 사촌과 결혼했다. 당시 유럽 왕실에서는 흔한 관습이며, 지금도 영국에서는 사촌 간 결혼이 법적으로 허용된다.

[우리에게 익숙한 영화 속 Uncle과 Aunt]

〈해리 포터 시리즈〉에 나오는 주인공 해리 포터의 이모, 피튜니아 더즐리, 'Aunt Petunia'

〈스파이더맨〉에 나오는 주인공 피터 파커의 숙모, 메이 파커, 'Aunt May'

〈해리 포터와 아즈카반의 죄수〉에 나오는 두들리 더즐리의 고모, 마지 더즐리, 'Aunt Marge'

〈작은 아씨들〉에 나오는 네 자매의 대고모, 조세핀 마치, 'Aunt March'

이모, 숙모, 고모, 대고모를 모두 Aunt라고 한 셈이다. 그리고, 간혹 당숙모도 Aunt라고 한다.

해리 포터의 이모부, 버넌 더즐리, 'Uncle Vernon'

〈시크릿 가든〉에 나오는 주인공 메리의 고모부, 아치볼드 크레이븐,

'Uncle Archibald'

〈라이온 킹〉에 나오는 주인공 심바의 숙부, 스카, 'Uncle Scar'

〈나 홀로 집에〉에 나오는 주인공 케빈의 백부, 프랭크 맥콜리스터, 'Uncle Frank'

이모부, 고모부, 숙부, 백부가 모두 Uncle인 셈이다. 그리고, 간혹 당숙도 Uncle이라고 한다.

이런 단순한 영어식 친족 표현 때문에 힘들어하는 건 해외에서 성장하는 아이만이 아니다. 나 같은 번역가는 힘들다 못해 골치가 아플 정도다.

영화나 책에 등장하는 친척 단어 하나를 한글로 정확히 옮기기 위해, 주어진 문구 앞뒤를 다 읽고 때론 작품 전체를 다 보고도 부족해 외부 자료까지 검토해야 해당 인물의 주변 관계를 파악할 수 있기 때문이다.

아들아,
이제부터 이의 요정 말고 까치에게 연락해 보렴

"엄마요, 이의 요정이 10펜스만 놓고 갔다요."

이른 아침, 아들의 다급한 목소리가 침실을 울렸다. 어릴 적부터 아침마다 제일 먼저 깨어 부모의 알람 시계 역할을 하던 아들이다. 우리 부부는 비몽사몽 상태에서 이게 무슨 소린가 싶어 겨우 몸을 일으켜 울먹이는 아들을 맞이했다.

전날 아들의 이가 빠졌다. 영국의 다른 아이들처럼 밤사이 이의 요정이 자신의 이를 가져가면서 돈을 놓고 가리라 기대한 아들이다.

그런데, 이의 요정이 다녀가면서 약속한 1파운드 대신 10펜스를 놓고 갔나 보다. 아들에게 상당히 큰 충격을 준 사건이다. 10펜스 동전을 들고 울먹이는 아들을 겨우 달랜 후, 급한 대로 내 지갑에서 1파운드를 꺼내 줬다. 이의 요정에게 엄마가 직접 연락해 환불받겠다고 약속까지 했다.

아들을 울린 이의 요정에게 항의했더니 이런 변명이 돌아왔다.

"죄송합니다. 밤눈이 어두워 1파운드와 10펜스 동전을 구별 못 했어요. 다음번에는 이런 실수가 없도록 주의하겠습니다."

밤눈이 어두운 이의 요정(당시 30대 후반 여성)에게는 두 동전이 비슷해 보였나 보다. 동전을 헷갈려 하는 이의 요정들 때문인지는 모르겠으나, 그 이후 1파운드 동전은 동그라미 형태에서 12각형으로 대체되었다.

사진에 빠진 2파운드까지 해서 영국에는 동전이 8개나 된다. 지갑 속에 아무렇게나 들어간 각종 동전, 이를 눈여겨보지 않으면 헷갈릴 만도 하다. 적어도 밤눈 어두운 이의 요정 입장에서는 말이다.

어린 시절, 흔들리는 이에 실을 끼우고 문고리에 걸어놓고 당기거나 어른이 직접 손으로 잡아당겨 이가 뽑힌 기억이 있는가?

영국에서는 아이의 이가 흔들리더라도 저절로 빠질 때까지 기다려 준다. 내 어린 시절의 기억처럼 눈물범벅이 될 것이 뻔한 일을 내 아이에게는 안 해도 된다니 마음은 편했지만, 엉뚱한 곳에서 아들을 울리고 만 셈이다.

아이의 이는 밥 먹다가도 빠지고 잠을 자다가도 빠졌다. 학교에서 아이의 이가 빠지면 선생님이 작은 봉투에 담아줬다. 집에 가서 부모님께 보여드리라는 뜻에서다. 반에서 이가 빠진 학생이 나오면 급우들이 한꺼번에 몰려와 모두 격앙된 목소리로 외친다고 한다.

"이의 요정한테 돈 받겠네!"

아이들의 소동은 한 번으로 끝나지 않는다. 이 빠진 학생이 다음 날 학교에 가면 급우들이 다시 몰려와 전날 '수익'이 어땠는지 물어본다.

다음은 이가 빠진 날 아들이 쓴 일기다.

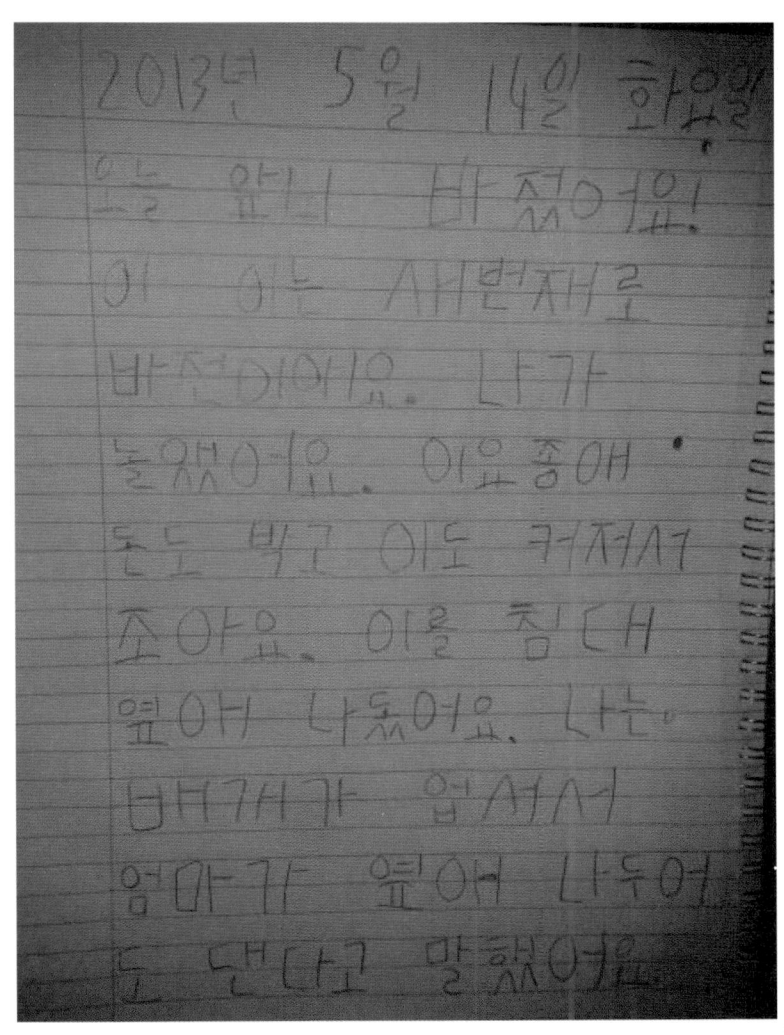

아들의 일기 속 맞춤법을 고쳐 옮기면 이렇다.

오늘 앞니가 빠졌어요. 이 이는 세 번째로 빠진 이예요. 내가 놀랐어요. 이의 요정에게 돈도 받고 이도 커져서 좋아요. 이를 침대 옆에 놔뒀어요. 나는 베개가 없어서 엄마가 옆에 놔두어도 된다고 했어요.

아들은 어린 시절 베개를 쓰지 않았다. 그 이유는, 늘 엎어져 잤기 때문이다.

아무리 바로 눕혀 놔도 다시 가보면 그 자세였다. 새벽에 잠이 깨어 부모가 자는 침대로 비집고 들어와서도 똑같은 자세로 잠을 청할 정도였다. 이 때문에 아들의 방에서 베개를 치워버렸는데 별문제 없이 지내다가 '이의 요정'의 존재를 듣고부터 아들이 고민하기 시작했다.

또래보다 이 빠지는 시기가 늦어서 친구들로부터 이의 요정 사례를 전해 듣게 되었다고 한다. 이가 빠지면 베개 밑에 이를 보관해 두어야 한다고.

"엄마…. 나는 베개가 없는데 이가 빠지면 어디다 두나요?"
"(갑작스러운 질문에 크게 당황하다가) 그럼 침대 옆에 있는 창가에 이를 놔두렴. 엄마가 이의 요정에게 그렇게 말해줄게."

당시 우리 가족은 집을 팔고 다른 도시로 이사 가려다 매매 과정에 문제가 발생하는 바람에, 임시 거주지로 옮겨 가는 등 계획했던 것보다 훨씬 더 자주 이사를 다녀야 했다. 주거지가 바뀌는 와중에도 이의 요정은 아들의 이를 수거하러 왔고, 산타클로스는 선물을 날라다 주었다.

주변 학부모로부터 입수한 정보에 따르면, 어린 나이에도 '이의 요정'이나 '산타클로스'의 존재를 안 믿는 아이가 더러 있다고 한다. 이미 받을 돈과 선물을 다 챙긴 형제나 사촌으로부터 폭탄 발언을 듣기도 하고 TV에서 진실을 보곤 해서라고 한다.

초등학생 시절 아들도, 이의 요정과 산타클로스의 존재에 대한 논쟁이 급우들 사이에 펼쳐지는 모습을 지켜보았다고 한다. 그런데, 이의 요정과 산타클로스에 대한 믿음 여부와 상관없이 아이들은 한결같은 결론을 내리는가 보다.

"내가 알고 있음을 어른에게 알리지 말라!"

그래야 짭짤한 수익이 유지되기 때문이리라.

하지만, 아들이 초등학교 고학년이 될 무렵 내가 먼저 폭탄 발언을 했다.

"아들아, 너도 이제 알 만큼 알 나이가 되지 않았니? 이의 요정은 이제 안 오니 한국 풍습을 따라보자."

아들은 놀라기보다는 실망하는 기색이 역력했다. 이 하나에 1파운드씩 수익이 생기는데, 그게 없어진다고 하니 얼마나 손해인가.

집안일을 돕는 조건에서 내가 아들에게 주는 주급이 당시 50펜스(1/2파운드)였다. 같은 해 맨체스터 유나이티드에서 뛰던 박지성 주급이 9만 파운드라고 했던가?

이가 빠질 때마다 일주일 급여의 두 배에 해당하는 불로소득이 아들에게 생기는데 그걸 포기하라고?

그깟 푼돈 챙겨주는 걸 가지고, 그것도 앞으로 빠질 이도 얼마 안 남은 아들을 왜 실망시키고 동심 파괴까지 하냐고?

집안 사정상 이의 요정을 대령하기가 여간 어려운 일이 아니기 때문이다. 앞서 나온 이의 요정 실수담도 있긴 한데, 그분의 입장도 고려해볼 필요가 있었다.

1. 베개 밑에 이를 넣어두는 풍습을 따르지 않는 가정이다. 이런 예외 사항이 발생하면 내 업무가 고단해진다. 무엇보다, 이런 사실을 친구에게 말하면 일이 더 복잡해진다. 아이들이 이의 요정 존재를 의심

하면 곤란하지 않은가.

  2. 내가 이 집 아이를 맡은 2년 동안 도대체 이사를 몇 번이나 다니는 건가? 갑자기 이가 빠졌다는 소식을 듣고 그날 밤 방문했더니 이사 갔다는 소리를 들었다. 나만 고생한 것이 아니다. 산타클로스까지 그 추운 겨울에 힘들게 두 도시를 옮겨 다녔다고 한다. 오죽하면 이 집 아이마저, 내가 자기 집 주소를 모를까 걱정하겠나.

  3. 이 집 아들은 평소에는 깊이 잠든다고 하는데, 내가 방문하는 날만큼은 안 자고 대기 중인지 잠귀가 밝아진다. 직업상 아이들에게 정체를 드러내지 않고 비밀리에 임무를 수행해야 하는데 이 얼마나 까다로운 고객인가.

  어쩔 수 없구나 아들아. 이제 이의 요정 대신 까치에게 연락해 보렴.

더위, 벌레와 싸우며 즐기는(?) 영국의 운동회

"내일 내가 돗자리를 챙겨 올 테니 자기는 찬물이랑 손풍기 잊지 마!"

같은 반 학부모끼리 나누는 대화다.

나는 초등학생 아들이 수업을 마칠 때까지 다른 학부모, 보호자들과 함께 교실 입구에서 기다리던 중이었다. 각자의 위치에서 휴대폰을 들여다보거나 지인과 대화를 나누는 이도 있었다. 이들 중 근처에 서 있던 무리의 대화를 내가 엿들은 것이다.

두 학부모의 말대로 다음 날 아들의 초등학교에서 운동회가 열렸다. 본격적인 무더위는 아니지만 장시간 운동장에 서있기는 부담스러운 날씨였다. 내가 아는 가을운동회가 아니기에.

왜, 한국처럼 가을이 아닌 더운 여름에 운동회를 하지?

영국의 학기 제도와 계절 특성 때문이리라.

영국(잉글랜드, 웨일스)의 학교는 대부분 9월에 새 학년을 시작한다. 가을로 접어들 무렵 교사와 학생 모두가 새로운 환경에 적응하느라 바쁜 셈이니, 이런 때 곧바로 운동회를 치르는 건 의미가 없을 테다. 그리고, 겨울은 물론 봄마저 변화무쌍하기 그지없는 영국의 날씨까지 고려하여 가장 안정적인 6월 말 혹은 7월 초에 운동회를 하는 것이 아닐까. 서안해양성기후의 영국에서 여름이라고 해도 30도를 넘는 날은 많지 않다.

"우리 딸은 키가 제일 크면서 달리기할 때마다 꼴등을 해요."

딸이 자신을 닮아 달리기를 못하는 것임을 알면서도 엄마는 운동회 철만 되면 이런 식으로 주변 사람 앞에서 나를 놀렸다.

키가 크든 작든 달리기는 잘할 수도 못할 수도 있는데, 키가 크다는 이유만으로 어른들은 나를 더 가혹하게 평가했다. 이 때문에 자존감이 더 낮아진 나는 운동회를 지독히 싫어했고 경기에 나설 때마다 부끄러워했다. 올망졸망한 초등학생들 사이에 머리 하나가 삐죽 나오는 것으로도 눈에 띄는데 기대에 못 미치는 운동 실력을 선보이자 교사는 물론 급우들까지 배를 잡고 웃는 일이 벌어지곤 했다.

나의 키 때문에 겪어야 했던 특수한 경험과 30여 년의 세월 차이, 한국과 영국이라는 배경까지, 나와 아들이 경험한 운동회를 단순 비교하기는 무리가 있다. 그럼에도, 아들의 운동회에서는 누구나 즐기며 경기에 임하는 모습이 너무나 부러웠다.

영국의 운동회는 누군가에게 보여주기보다는 학생들이 즐기는 행사다. 가족과 친척이 음식을 싸 들고 와서 아이의 경기 장면을 관람하는 건 한국과 다를 바 없는 광경이지만, 경기 내내 장시간 앉아 있을 공간도 없고 여름의 뜨거운 해를 가려줄 차양막도 없다.

대부분 릴레이식 경기라 누가 더 잘하는지 구별하기 힘들 때가 있다. 경기 진행과 기록을 초등학생이 담당하기도 해서 전체 흐름이 원활하지 않을 때도 있다. 결승선에 누가 먼저 들어왔는지 구별이 안 될 만큼 산만하게 흘러가기도 한다. 누가 더 잘하는지 중요하게 여기는 것 같지도 않았다. 무엇보다, 학생들은 다 웃고 있었다.

학교 운동장을 달리기 트랙처럼 크게 나누어 구획마다 각기 다른 종목의 경기장을 꾸려 놓았고 학생들은 이 트랙을 한 방향으로 따라가며 경기를 치른다.

행사 내내 여름의 태양 아래에 서있어야 하기 때문에 관중들은 더위, 벌레와의 전쟁을 벌일 수밖에 없다. 그래서, 중간에 시원한 음료수도 마시고 편한 곳에서 쉬다가 오기도 한다.

접이식 의자나 작은 돗자리를 준비해 앉는 이도 있지만 한곳에 계속 머물 수 없기에 이 또한 불편하다. 15분 정도면 한 종목이 끝나고 다음 종목이 열리는 구획으로 학생이 옮겨 가고, 구경하는 사람도 덩달아 자리를 옮겨야 한다. 다음 경기 관람을 위해 다가오는 사람들을 보고도 계속 엉덩이를 붙이고 있을 수는 없지 않은가.

영국의 초등학교 운동회 풍경은 어떨까?

출발 신호를 기다리는 선수들 자세가 너무 여유롭다.

숟가락 위에 달걀 얹고 달리기(Egg-and-spoon race)

실제 달걀과 숟가락은 아니고 달걀 모형의 플라스틱과 주걱이다.

하키 스틱으로 공 굴리기

자루 달리기(Sack race)

아들이 타고 달리던 자루에 구멍이 나서 발이 삐져나오는 바람에 웃음보가 터졌다.

초등학교 4학년 때 아들이 전학을 간 학교에서 열린 운동회다. 학교 체육복 차림으로 운동회에 참여하던 이전 학교와 달리, 새 학교는 빨강, 파랑, 노랑, 초록으로 각 팀을 상징하는 색깔의 옷을 입고 운동회에 참여했다. 통일된 유니폼이 아니니 같은 초록 팀이라 해도 색상이 다양했다.

동생 데리러 가야 하니, 먼저 나가겠습니다

[동급생보다 일찍 수업을 마치는 영국의 학생들]

초등학교 수업이 끝나는 시간에 맞춰 아들을 데리러 갈 때의 일이다.

맞은편에서 교복을 입은 학생들이 걸어오고 있었다. 처음에는 모두 네 명이라 생각했는데, 가까이서 보니 서너 살 정도의 작은 아이까지 끼어 일행은 총 다섯 명이었다.

앞줄에 있는 남학생 하나가 아이의 손을 잡고 있었다. 아장아장 걷는 아이의 작은 몸집에 비해 상대적으로 거대해 보이는 학생은 아이의 짧은 팔다리 높이에 맞추느라 몸이 옆으로 기우뚱한 상태였다. 동생이 아니라 조카일 수도 있겠다 싶을 정도로 나이 차가 많아 보였다.

어린아이의 키와 보폭에 맞추려다 보니 자세가 불안정해진 남학생의 모습이 우스꽝스러웠던지, 아니면 코흘리개를 끼고 다녀야 하는 친구의 신세가 처량해 보였는지, 뒤를 따르는 여학생 두 명이 이 남학생을 놀리고 있었다. 아기 같은 목소리의 옹알이로 앞의 학생에게 농담을 던지는데 다들 친한 친구인지, 놀림을 당하는 학생도 놀리는 친구도 악의는 없어 보였다.

영국의 어린이는 보호자가 직접 등하교를 시켜야 하기 때문에, 부모나 조부모, 혹은 형제, 자매까지 초등학교와 유치원 앞에서 떼를 지어 서성이곤 한다. 영국에 와서 한동안 이 광경이 상당히 낯설게 다가왔다. 공부로 한창 바빠야 할 중등학교(Secondary School)* 학생이 동생을 데리러 오다니, 그것도 등교는 물론 하교 시간까지, 매일 말이다.

* 초등학교 졸업 후 진학하는 교육 기관으로 11세에서 16세 사이의 학생이 다닌다.

수업을 끝낸 아들의 손을 잡고 학교를 빠져나오니, 이번에는 길 건너편 중등학교에서 학생들이 우르르 몰려나오는 과정을 지켜보아야 했다. 방금, 아들의 학교로 가던 길에 마주친 청소년 4명은 물론 나와 함께 초등학교 앞에서 기다리던 학생들과 동일한 교복을 입고 있었다. 지금 학교를 마친 셈이다.

그렇다면, 내가 앞서 본 학생들은 이들보다 더 일찍 수업을 마치고 나왔단 말인가? 그게 가능한 일인가? 영국의 학교 수업은 대부분 오전 아홉 시에서 오후 세 시 사이로 초등학교와 중등학교 사이에 큰 차이가 없는데 말이다.

이 학생들은 도대체 어떻게 시간에 맞춰 동생을 데리러 왔을까?

학습권 보장을 위해 학생의 아르바이트 시간을 법적으로 제한하는 영국에서, 동급생보다 일찍 학교를 마치고 동생을 데리러 가는 일이 가능하단 말인가?

늘 궁금했던 이 의문점은 아들이 중등학교에 들어가서야 풀렸다.

사실, 내게는 애가 한 명뿐이니 당장 관심을 가질 만한 일은 아니다 싶어 애써 답을 찾지 않았다.

아들의 말에 따르면, 동생을 데리러 가야 하는 학생은 사전에 허락을 받아 마지막 수업을 일찍 마친다고 한다. 배차 간격이 뜸한 대중교통으로 등하교하는 학생이 탑승 시간에 맞출 수 있도록 일찍 하교를 하는 것처럼 말이다.

동생을 데리러 오는 청소년을 아들의 초등학교에서 자주 접하다 보니 이들 때문에 웃을 일도 간혹 발생했다.

이날도 수업을 마친 아들이 나오기를 기다리고 있을 때였다. 아이를 데리러 온 보호자의 얼굴을 일일이 확인한 뒤 학생을 한 명씩 내보내는 과정을 거치기에 시간이 상당히 걸리는 작업이었다.

운동장에서 다들 기다리는 동안 안면이 있는 사람들끼리 모여 대화를 나누거나 혼자 휴대폰을 들여다보는 이도 있었다. 교복을 입은 중등학교 학생도 곳곳에 자리 잡고 있었다.

이 자리에 모인 청소년 중 상당수가 근처에 위치한 중등학교 학생인데, 이 초등학교를 졸업하고 옆 중등학교로 진학한 경우가 흔했다. 이제는 동생을 데리러 다시 모교를 방문하는 셈이니, 덕분에 동창과 동창의 부모는 물론 은사와 재회하는 일이 흔했다.

"○○○ 선생님, 가운만 걸치고 있네요. 안에 입은 옷 다 보이거든요. 그러면 사기죠!"

운동장 끄트머리에 서있는 한 교사를 향해 누군가 운동장이 떠나갈 듯 크게 외치는 소리다.

주변에 모인 사람들이 한바탕 크게 웃었다.

마침, 이날은 초등학생과 교직원까지 잠옷을 입고 등교하는 행사가 열리는 날이었다.

아직 추위가 가시지 않은 날씨에도 불구하고 학생부터 교사까지 깜

찍한 디자인의 잠옷 차림에, 기발한 모양의 액세서리까지 갖춘 상태라 운동장이 평소와 달리 화려한 물결의 연속이었다. 그러나, 문제의 이 교사는 평상복 위에 짙은 색 잠옷 가운 하나만 걸치고 있어서 다들 누구인지 금방 알아차렸다. 졸업생으로 보이는 학생의 말대로 이러면 사기다.

옛 제자의 장난 어린 외침과 이를 받아주는 교사, 그리고 이 광경을 지켜보는 사람들까지 경쾌하게 웃으며 넘어간 작은 사건이다.

하지만, 교내에 출입하는 외부 청소년이 지나치게 소란스러운 행동을 보여 문제가 발생하기도 한다. 그래서, 초등학생의 등하교를 담당하는 청소년의 나이를 몇 세 이상으로 제한하기도 하고, 말썽이 심한 외부 학생은 출입을 통제하는 학교도 있다.

한국과 영국
그 어디쯤 이야기

지극히 주관적인 영국 경험기

해외에서 한국인의 이름으로 산다는 건

"수끄… 이잉… 예엉…."

대기실 의자에 앉아 자기 차례를 기다리던 사람들이 일제히 소리가 나는 방향으로 고개를 돌렸다. 나도 이들 사이에 끼어 내 이름이 불려지기를 기다리고 있는데, 난데없이 괴상한 이름이 직원의 입에서 나온 것이다.

아무도 나서는 이가 없자 갑갑해진 직원이 다시 한번 힘겹게 소리 냈다.

"수끄… 이잉… 예엉…."

내가 처음 자리에 앉았을 때만 해도 십수 명으로 북적이던 대기실

이, 이름이 불릴 때마다 한 명씩 진료실 쪽으로 사라지면서 곧 한산해졌다. 이제 남은 사람이라고는 나를 포함해 4명 정도였다.

이번에도 아무도 안 나서나 했더니, 그제야 방금 불려진 이름이 내 것임을 깨달았다.

공식 서류에 올린 내 영문 이름은 Sook Jin Jeong이다.

한글 이름을 단순히 영어식으로 표기한 것뿐인데, 서양인들은 K로 끝나는 음절을 강하게 발음하면서, J로 시작하는 음절은 지읒이 아닌 이응에 가깝게 발음한다. 독일어 등 다른 유럽 언어가 J를 Y처럼 발음하는 경우가 있기 때문이다.

"헬로, 쑥."

인도식 억양이 섞인 여성의 목소리가 전화기 너머 들려왔다.

전화 건 사람은 누구고, 쑥은 또 누굴까 하고 잠시 고민에 빠졌다가 정신이 번쩍 들었다. 내 이름을 '쑥'이라고 할 수도 있겠구나 싶어서다.

약국에서 근무하는 M의 전화다. 같은 학교 학부형이기도 해서 평소 눈인사 정도는 했지만 이름을 아는 사이는 아니었다. 상대는 신용카드 전표를 보고 내 이름을 파악했으리라.

얼마 전 약을 구매하면서 카드로 결제했는데, 다음 날 인터넷으로 내역을 확인했더니 동일한 금액이 두 번이나 결제되어 있었다. 간혹 발생하는 일이기에 그날 오후 약국에 들러 M에게 중복 결제된 사실을 알려줬다.

전화를 걸어온 M은, 나의 빠른 대처 덕택에 약국 손님의 카드를 두 번씩 찍어대던 카드단말기 오류를 일찌감치 찾아냈다고 감사 인사를 전했다.

중복 결제 문제를 간단히 해결하고 덕분에 칭찬까지 받았으니 자랑스러운 일이다. 그럼에도, 한국식 이름으로 생겨나는 문제는 아직 남아 있기에 그리고 두고두고 겪어야 할 번거로움이기에, 한숨이 나오는 건 어쩔 수 없었다.

한글 이름을 영어로 표기할 때, Gil Dong Hong처럼 세 음절로 해두면 서양에서는 가운데 음절을 Middle Name, 즉 가운데 이름으로 여긴다. 홍길동이라는 이름에서 '길'과 '동'을 별개의 이름으로 인식하는 셈이다.

영화배우 톰 행크스의 정식 이름은 '토마스 제프리 행크스(Thomas

Jeffrey Hanks)'이다. 제프리가 가운데 이름인 셈인데, 가까운 사이가 아니고는 그의 가운데 이름을 모르거나 알아도 평소에는 거의 쓰지 않는다. 약국 직원이 나를 '쑥'이라 부른 것도 마찬가지 이유에서다.

영국에 살다 보니 한국식 이름에 얽힌 고충은 여기에서 그치지 않는다.

"남편의 성(姓)이 어떻게 됩니까?"

직원이 난감해하는 눈빛으로 나를 올려다보며 물었다.

'적어 놓은 거 보면 모르냐?'라고 쏘아붙이고 싶은 걸 꾹 참고, 남편의 성인 Lee가 적힌 자리를 손으로 가리키며 알려줬다.

남편의 도서관 카드를 내가 대신 신청해 줄 때였다. 신청서에다 남편의 영문 이름과 성을 구분하여 입력했지만, 이 직원은 내가 위치를 혼동했다고 판단했으리라.

서양식 이름에는 Lee라는 First Name이 많아서 이런 오해를 불러일으킨다. Kim도 마찬가지 신세다.

Lee와 Kim이라는 성이 없는 건 아니지만, First Name으로 더 흔하다. 남녀 모두에 해당한다.

리 에반스(영국 코미디언)

리 맥(영국 코미디언)

리 터게슨(미국 영화배우)

리 그랜트(미국 영화배우, 감독)

리 메리웨더(미국 영화배우, 모델)

리 레믹(미국 영화배우)

리 안 워맥(미국 가수)

킴 셸스트룀(스웨덴 축구선수)

킴 보드니아(덴마크 영화배우, 감독)

킴 스탠리 로빈슨(미국 작가)

킴 캐트럴(영국 영화배우)

킴 캠벨(전 캐나다 총리)

킴 베이싱어(미국 영화배우)

킴 카다시안(인스타그램 스타)

"지난번에 만난 친구도 김, 저 친구도 김…."

한국인 여성과 결혼한 영국인 남성의 하소연이다.

아내가 소개해 주는 사람마다 죄다 김 씨와 이 씨라 이들을 구별해 내기 힘들었다고 한다. 나중에는 '글래스고 김', '맨체스터 김', '리버풀리' 이렇게 구분 지었다고 한다. 어릴 적 보던 드라마에 등장하던 '쿠웨이트 박'이 생각났다.

"헬로, 미스터 정."

직원의 첫인사말이다.

공항 외곽에 위치한 주차장에 들어섰을 때다. 여행 기간 동안 이곳에 차를 주차해 두고 셔틀버스를 이용해 공항을 오가기 위해서다. 운전석에서 내리는 내 남편을 향해 직원이 미스터 정이라 부른 것이다.

"나 미스터 정 아닌데요."

평소에도 말투가 무뚝뚝한 남편은 직원의 친절한 인사말을 퉁명스럽게 받아쳤다.

주차 서비스를 예약하면서 내 이름 앞에다 '미세스'라 표기했으니, 자동으로 내 남편을 미스터 정이라 판단했으리라. 업무 규정대로 고객을 대했을 뿐인데 퉁명스러운 남편의 태도에 직원이 얼마나 당황했겠나.

결혼 후 여자가 남편의 성을 따르는 영국 문화 속에서, 성을 바꾸지 않는 한국 문화가 빚어낸 상황이다.

외국인으로 살면서 겪는 이름 문제는 또 있다.

"아, 오늘이 바로 그날이구먼…."

매니저가 작은 서류 뭉치를 들고 슬며시 내 옆으로 다가왔다. 내게 의미심장한 미소를 날리며 말이다. 둘만의 은밀한 작업을 시작할 때가 되었다.

Lifen Liu는… Lucy Liu의 이름이고…
Zhang Chan은… Jackie Chan의 이름이고…
Mei Yeoh는… Michelle Yeoh의 이름이고…
Yu-sen Woo는… John Woo의 이름이고…

동료들의 눈치를 보며 다 큰 어른들끼리 귓속말로 대화를 이어갔다.

유명 영화배우의 이름을 빌렸을 뿐 실제 내 동료의 이름은 아니다.

당시 우리 부서에는 한국, 스페인, 스웨덴, 독일, 대만, 중국, 러시아, 라트비아, 홍콩, 일본 출신 직원이 근무했다. 업무 성격상 다양한 외국어 구사자가 필요해서다.

매니저가 날 찾은 이유는, 직원들에게 월급명세서를 나눠줄 때 도움이 필요해서다. 직원이 입사할 때 제시하는 여권에 적힌 이름이 월급명세서에 찍혀 나오는데, 이 이름과 평소 동료들이 부르는 이름이 일치하지 않는 경우가 있었다. 특히, 중국과 대만, 홍콩 출신의 직원이 이런 예에 해당했다.

일상에서는 영어 이름을 쓰지만 공식 서류에는 본명인 중화권 이름이 그대로 남아있는 경우가 태반이었다. 이들의 성마저 Wang과 Weng처럼 모음만 한두 개 바꾸면 그 이름이 그 이름처럼 보였다. 적어도 매니저에게는 그렇게 보였을지 모른다. 서양인들은 중화권 출신의 이름을 구별해 내기 힘들어하는 편이다.

매니저 체면에 대놓고 Lifen Liu가 누구냐고 사무실을 돌아다니며 물어볼 수는 없고 하니, 동료들의 본명을 꿰차고 있던 나에게 은밀히 부탁한 것이다.

해외에 거주하는 한인 중에도 영어 이름을 쓰는 사람이 있다.

영어식 이름을 쓰면 편하다.

내 이름을 Sookjin Jeong이라고 말하면 10명 중 10명 모두가 철자를 물어본다. 그 10명 중 9명은 다시 만났을 때 내 이름을 기억하지 못한다.

한국식 이름 대신 Susan Jeong이나 Sarah Jeong처럼 영어 이름을 쓴다면, 적어도 First Name 정도는 기억해 줄 것이고 철자를 일일이 불러줄 필요도 없을 것이다.

영어식 이름의 편리함에도 불구하고, 내 고유한 이름을 지키고 싶다는 의지에서 나는 지금껏 본명을 그대로 쓰고 있다. 영어식 이름으로 살면 편하겠지만, 흔한 이름으로 내 가치가 저하될지 모른다는 불안감 때문이다. 또한, 앞서 언급한 중화권 출신 동료의 경험처럼. 서류와 일치하지 않는 이름으로 인한 혼란이 싫은 것도 사실이다.

해외에 사는 한인이라면 누구나 갈등할 수밖에 없다.

결혼반지 분실 사건

"어, 못 보던 반지네."

출근 준비를 하는 남편을 옆에서 지켜보다가 내가 한 말이다.

남편과 나는 결혼반지가 없다.

더 정확히 말하자면, 결혼 당시에는 있었지만 현재는 없다. 이 자리에서 솔직히 고백하자면, 부끄럽게도 내가 남편의 반지를 잃어버렸다.

반지가 없어졌음을 알아차렸을 때 내 실수를 뉘우치고 남편에게 사과했다. 그리고, 이왕 이렇게 된 거 남아있는 내 것마저 빼서 둘 다 공평하게 반지 없이 지내자고 제안하기까지 했다. 그래서, 둘 다 안 끼고 다녔다.

이런 사연에도 불구하고, 어느 날 남편의 손가락에 못 보던 반지 하나가 끼어져 있는 것이 아닌가.

남편은 결혼반지 분실 사건을 주변에 적극적으로 말하고 다녔다. 처음에는 자기 반지에 대한 애착이 너무나 강해서, 이를 잃은 상실감과 아내에 대한 원망으로 그렇게 말하는 거라 짐작했다. 그런데, 반지에 대해 민감하게 반응하는 서양 문화권에 사는 유부남 입장도 고려해 볼 필요가 있었다.

"결혼했다면서 왜 반지를 안 끼고 다니지?"

남편에게 쏠리는 의혹의 눈길이 분명 있었으리라. 이를 물리치려면 그 나름 해명이 필요하지 않았을까?

"아내가 제 반지를 잃어버렸거든요. 저는 새로 사서 끼고 싶은데 아내는 둘 다 끼지 말자 그러더라고요."

이렇게라도 말하고 다녀야 다들 의혹의 눈길을 거두는 것이리라.

내가 남편의 결혼반지를 분실하기 전만 해도 사정은 달랐다.

우리는 다른 부부들처럼 결혼식을 앞두고 결혼반지를 맞춘 것이 아니다. 두 남녀가 연애하던 시절 커플링으로 꼈던 18K 반지를 결혼반지로 탈바꿈시켰다. 이것 또한 내가 제안했다.

비단, 결혼반지만 생략한 건 아니다. 예물과 혼수는 물론 신혼여행도 없앴다. 대신, 사진과 예식, 하객 식사만 겨우 챙겼다. 부모 도움 없이 우리 둘만의 힘으로 결혼과 유학생활을 유지해야 했기에 남들 하는 걸 다 따라 할 수는 없어서다. 특히, 양가 부모님과 결혼 당사자의 체면을 살려줄 만한 의식은 거의 모두 생략해야 했다. 그러니, 손가락에만 머물고 있을 반지에 큰돈을 쏟아부을 이유가 없었다.

나는 귀금속에 그다지 관심도 없고, 액세서리 자체도 좋아하지 않는 편이다. 늘 운동과 함께하는 생활 반경에서 액세서리는 거추장스럽고 분실 염려까지 있어서다. 격투기를 하면서 반지와 목걸이가 흉기가 될 수도 있음을 깨달았다.

"아무리 그래도 결혼하면서 순금도 아닌 18K 반지를, 그것도 커플링으로 몇 년씩 끼던 헌 반지를 결혼반지라 우길 수 있느냐?"

이렇게 경악하는 반응도 있었다.

나도 친정이나 시댁이 넉넉한 형편이라면 예물을 사양할 이유가 없었다. 우리 둘 사이에는 이미 커플링으로 서로의 미래를 약속했고 당시 내 눈에 제일 예쁘다고 고른 반지가 있는데, 빠듯한 유학생 가족으로 살며, 뭘 더 사서 끼우냐고 했다. 결혼하는 과정에서 현실적인 쓸모보다는 주변의 눈 때문에, 분위기 때문에 혹은 관습적으로 소비하는 것을 과감히 포기해야만 했다. 우리처럼 단출하게 신혼을 시작하는 주변의 유학생 가족과 서양 문화에서 받은 영향도 있다.

이러한 우리 부부의 세세한 사정을 전해 들은 이는, 특히 남성들은, '최고의 사랑꾼이다', '정말 아름다운 커플이네요'라는 반응이었지만, 남편의 반지가 없어지고는 그런 미담이 빛을 잃고 말았다. 이때부터 "결혼반지도 없이 다니는 남편이 불안하지 않느냐?"라는 반응이 나왔다. 아마 현명하지 못한 아내라고 생각할지도 모른다.

결혼반지가 없으면 자동으로 미혼으로 간주하고 주변의 미혼 남녀들이 갑자기 달라붙기라도 한단 말인가?
과연 유부남, 유부녀 불륜 로맨스는 결혼반지의 부재로 시작된단 말인가?

내가 남편의 결혼반지를 잃어버린 사연은 이렇다.

사람이 살이 찌면 손가락도 굵어지고, 손가락 형태에 따라 반지 모양도 변한다는 사실을 남편을 통해 알게 되었다. 결혼을 하고 애 아빠가 되면서 30대 후반으로 접어든 남편은 10kg 넘게 몸무게가 불었다. 왕성한 식욕은 그대로지만, 더 이상 20대 때처럼 줄기차게 공을

차며 몸의 에너지를 발산하지 않기 때문이리라.

 연애 시절인 20대에 맞춘 반지가 20여 년의 세월을 온몸으로 받아들인 남편에게 맞을 리 없었다. 결국 큰맘 먹고 힘겹게 낑낑거려야 반지를 뺄 수 있는 지경에 이르렀다.

 반지를 제때 빼내지 못하는 불편함보다, 남편의 건강이 염려되어 나는 결단을 내리기로 했다. 건강을 생각해서라도 반지 없이 지내보라고 제안했더니, 남편이 순순히 반지를 빼서 내게 건네줬다.

 문제는, 당시 이사를 앞두고 있는 어수선한 시점이라 반지를 보관할 장소가 마땅치 않았다는 점이다. 보석함이라는 것 자체가 없었기에, 임시방편으로 남편의 반지를 내 손가락에 끼워두기로 했다. 내 검지에는 느슨하고 엄지에는 꽉 끼는 형국이라, 한심하지만, 두 손가락에 번갈아 가며 끼는 것으로 버텼던 것 같다.

 솔직히, 당시 상황이 정확히 기억나지 않는다. 내 손가락에 남편의 반지가 머물던 시기는 그다지 길지 않아서다. 정확히 언제 어디서 잃어버렸는지도 모른다.

 미안하다, 남편….

유부남이라는 이유만으로 사회적 지위가 격상되고 주변의 인식이 달라짐은 서구 사회에도 있는 현상이다. 유부녀의 지위와는 분명 다르다. 이 때문인지, 남편은 어느 리어카에서 샀는지 못 보던 반지를 끼고 있었다.

낯선 반지를 대하며 내가 의아해했더니, 남편은 중요한 회의나 모임이 있는 날 이걸 결혼반지처럼 끼고 나가겠다 선언까지 했다.

에이, 남편….
그런 리어카 제품을 낄 바엔, 차라리 이번에 산 반지가 더 낫지.

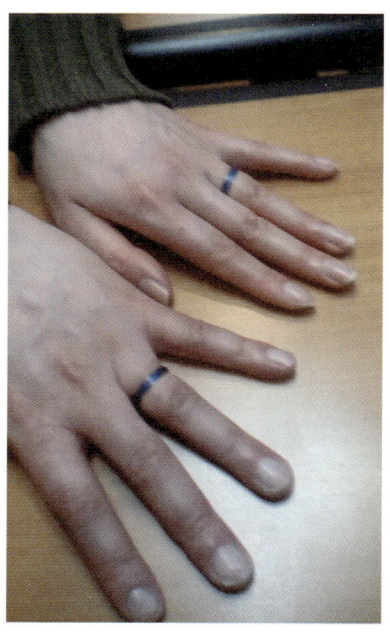

낯선 도시를 여행할 때다.

기념품 상점에서 아들이 호기심 가득한 눈으로 들여다보길래 뭔가 했더니 무드 링이었다. 반지 낀 사람의 기분에 따라 색깔이 변하기에 '무드 링(Mood Ring)'이라 부른다. 처음 반지를 끼던 날 두 사람의 손가락에 모두 파란 빛깔이 돌았다. '침착과 사랑(Calm, Lovable)'을 상징한다.

색깔이 바뀌는 순간만 안 들키면, 좀 특이한 결혼반지라고 주변에서 믿을지도 모르잖아, 하고 남편을 설득시켰건만….

결국…

얼마 지나지 않아 남편이 반지를 잃어버리고 말았다.

언제 어디서 잃어버렸는지 모른다고 한다.

갖다 버렸는지도 모르겠다.

에효…

걍…

예전처럼 반지 없이 지내자고, 남편.

저는 다방 커피로 주세요

영국에서 공부하는 학생의 이야기를 아래에 가상으로 꾸며보았다. 영어로는 흔하게 쓰는 표현이지만 한국인에게는 생소하게 들릴 수도 있기에 이를 대처하기 위해서다.

"학과 사무실에 들렀을 때다. 아르바이트를 구하기 위해 학생처 담당자와의 면담을 신청했다. 제임스 씨가 맞은편 의자를 가리키며 내게 앉으라고 손짓을 했다. '오늘 어떻게든 일자리를 얻어내겠다'는 결심을 하고 왔는데, 막상 담당자와 마주하고 나니 뭐라 말할지 막막해졌다. 침묵만 흐르는 분위기가 어색했는지 그가 마실 걸 권했다."

여기서 잠시…

위 대목에서 이어질 법한 영어 표현을 알아보자. 현장감을 주기 위해 토익 듣기 형태로 표현하겠다.

이 자리는 눈으로 읽는 공간이지 귀로 듣는 곳이 아니기에 친절하게 대본을 공개한다. 개인적으로 토익 시험을 치른 지 20년이 넘은 상태라 감각이 떨어지더라도 이해해 주길 바란다.

M: Would you like tea or coffee?
W: Coffee please, thank you.
M: How would you like your coffee?
W:

Please find the woman's answer.
A) I like coffee very much.
B) I drink coffee every morning.
C) I prefer coffee to tea.
D) White with two sugars please.

영국에 산다면 다양한 이유로 주변 사람과 커피나 차를 마실 일이 생긴다. 카페에서 주문해 마실 때가 아닌, 사적인 모임이나 장소에서 말이다. 내가 마실 커피를 친구가 타주기도 하고, 반대로 친구의 커피를 내가 타주기도 한다.

바로 다음과 같은 상황에서 말이다.

- 식사 후 회사 동료와 이야기를 나눈다.
- 학교나 학원 행사 도중 쉬는 시간을 맞이한다.
- 예배를 마치고 다음 달 행사에 대해 교우들과 의논한다.
- 기숙사 공동 주방에서 친구들과 어울린다.

이럴 때, 앞서 나온 질문이 반드시 등장한다.

"How would you like your coffee?"는 커피를 어떻게 마시느냐, 즉 설탕과 우유를 얼마큼 넣어 마시는지 묻는 질문이다. 그러므로, 위 듣기 문제의 정답은 D이다.

그럼, 자신의 커피 취향대로 답하는 방법도 알아보자.

참고로, 영국에서는 커피나 차를 마실 때 프림을 넣지 않는다. 마트에 'Whitener'라는 이름으로 프림과 유사한 제품이 나오긴 하는데, 회사나 학교 등 다수가 이용하는 공간에는 대부분 생우유가 준비되어 있다. 이런 정보를 바탕으로 블랙커피나 설탕커피, 밀크커피는 물론 한국식 다방 커피를 영어로 표현해 보자.

우유와 설탕의 비율만 가지고 영국인의 질문에 답변하는 방법이다. 한국에서 마시던 커피와는 조금 다를 수도 있지만 영어 표현을 익힌다는 점에 집중하자.

블랙커피

Black

프림커피(우유만 넣은 커피)

White with no sugar

설탕커피(설탕 한 스푼 넣은 커피)

Black with one sugar

밀크커피(우유+설탕 두 스푼)

White with two sugars

"저는 다방 커피로 주세요!"

에든버러 축제가 끝난 직후, 행사 관계자를 면담하는 자리에서였다.

작은 사무실에서 우리 일행을 맞이한 S가 차를 대접하겠다고 나오니, 일행 중 한 명이 당당히 '다방 커피'를 주문했다.

이들의 통역을 맡고 있던 나는 잠시 고민을 해야 했다.

내가 영국에서 만난 상당수 한국인들의 커피 취향이 '다방 커피'로 쏠리던 때라 이미 예상은 했지만, 그렇다고 영국인과의 대화에 이런 요구를 하리라고는 예상하지 못해서다.

다방 커피? 말 그대로 Coffee shop coffee라고 하면 과연 알아들을까? 그럴 것 같지는 않았다.

일단, 그 비율부터 따져보자. 누구는 2:2:2라 하고 누구는 1:2:3이라 한다. 한국에서도 절대적으로 인정받는 황금 비율이 없는데, 다방 커피를 말 그대로 영어로 옮겼을 때 알아들을 영국인은 없다.

나는 앞서 언급한 커피 표현 중 네 번째인 밀크커피 비율을 이용한다. 나처럼 평소 블랙커피만 마시던 사람이 다방 커피 맛을 알 리 없다. 주변 사람에게 이렇게 타 줬더니 반응이 다양했다.

위에 나온 네 개의 영어 표현을 적절히 응용해서 자신이 선호하는 커피 비율로 만들어 영어 회화에 활용하자.

또 하나…

영국에 처음 오는 사람은 영국식 차(Tea)의 의미에도 당황할 수 있다.

영국에서 '티'라고 하면 대부분 '홍차(Black tea)'를 의미한다. 나는 이를 홍차라 부르지 않고 블랙티라 부른다. 말 그대로 검정색의 찻물이 순식간에 우러나기 때문이다.

"How would you like your tea?"라는 질문은 녹차나 홍삼차, 유자차 등 골고루 갖추고 있으니 골라보라는 뜻이 아니다. 앞서 나온 커피와 마찬가지로 설탕과 우유를 얼마큼 넣어 마시는지 묻는 말이다. 이 블랙티를 마시는 방법은 커피와 비슷하다. 앞서 나온 4개의 영어 표현을 그대로 활용하면 된다.

커피나 차는 직접 타서 마시면 되는데 왜 이런 표현을 일일이 익혀둬야 하냐고?

영국의 학교나 기숙사, 직장 등에서 한두 명의 사람이 돌아가며 친구의 커피나 차를 타주는 경우가 있어서다. 남에게 부탁하기 미안해서 혹은 자신의 까다로운 취향 때문에 스스로 타 먹겠다고 혼자 행동하면 자칫 주변 사람과의 관계가 소원해질 수도 있다.

나는 연한 숭늉 스타일의 블랙커피를 선호해서 'Weak black'이라고 요청하는데, 주변에 블랙커피를 즐기는 사람이 거의 없어서인지, 매번 사약 한 사발이 대령되었다. 마시는 순간은 괴롭지만 동료들과 다과를 나누며 어울리는 분위기는 즐길 만하다.

자신에게 심부름 차례가 왔다 싶으면, 동료들로부터 주문을 받은 후 각자의 책상에 놓여 있는 컵을 하나씩 모아서 부엌으로 가면 된다. 한동안 근무하던 회사에서, 내가 담당하던 커피 심부름 동료 수가 최대 여덟 명까지 달했다. 이들 모두 기호가 달랐다. 처음엔 각 직원의 생김새와 취향의 상관관계까지 만들어 기억해야 했다.

가령,
- 늘 군것질거리를 달고 다니는 제이미는 우유와 설탕을 잔뜩 넣고…
- 체중 관리에 신경 쓰는 이본은 블랙커피를 마시고…
- 음식 투정이 심한 샬럿은 까다롭게 조금씩 다 넣고…

이런 식이다.

이보다 더 까다로운 주문도 있다.
- 다이어트 중이니 반드시 저지방 우유만 넣어달라…
- 우유를 아주 많이 넣은(milky) 차를 마신다…
- 우유를 아주 조금만(a dash of milk) 넣어야 한다…

나중에는 한곳에 모아둔 잔만 봐도 각 주인의 얼굴과 취향이 자동으로 떠오르지만 처음엔 헷갈릴 수밖에 없었다.

다행히, 음료 자판기가 설치되어 각자 기호대로 뽑아 마시느라 타인의 취향까지 기억할 필요가 없는 경우도 있다. 그럼에도, 동료들 간의 유대 관계를 중요시하는 조직에 속해 있다면 남녀, 직급 고하에 상관없이 한 번씩 돌아오는 커피 심부름을 각오하자.

설령, 남의 커피 심부름을 할 일이 없더라도 영어 표현은 기억해 둘 필요가 있다.

영국에 사니까 사용하는 것, 버리는 것, 어색한 것

"이거 들고 나가면 다들 이상하게 쳐다보지 않을까?"

어떤 물품이든 내가 편하다 싶으면 계속 쓰기 마련이지만, 내 경우, 영국에 오면서 특히 쓸모를 잃어버리거나 새로운 가치를 발견한 것이 있다.

이런 물품으로는, 영국이라는 새로운 환경에 적응하기 위해 사용하게 된 것이 있는가 하면, 한국에서 챙겨 왔다가 결국 버리고 만 것이 있다. 한편으로는, 주변에 아무도 안 쓰는 거라 어색하지만 '이것만은 포기 못 해'라는 의지로 사용하는 것도 있다.

같은 영국에서라도 주변 환경과 생활 습관에 따라서는, 나와 전혀 다른 관점을 지닌 사람도 있으리라. 철저히 내 개인적 경험에서 나온

분류일 뿐이다.

"영국에서 살다 보니 이건 꼭 필요하다 싶어요."

1. 미아 방지 끈

미디어다음 통신원 시절, 이 끈을 주제로 기사를 낸 적 있는데 내가 적은 글 중 가장 많은 조회수를 기록했다. 당시 한국에 제대로 소개되지 않아서인지, 이 끈의 정식 한글 명칭도 없어서 그때는 '아기 끈'이라고 기사에 표기했다. 기록적인 조회수 덕택에 내 글을 향해 쏟아지는 부담스러울 정도로 많은 관심만큼 비난도 거셌다. 아동 학대 제품을 미화시킨다, 업체와 결탁한 장사꾼이다 등.

기사가 나갈 무렵 백일도 안 되었던 아들이 중3의 나이가 될 때까지 중간에 몇 차례 고국에 들렀지만 이 제품을 사용하는 이를 본 적은 없다. 한글 포털을 검색해도 대부분 수입품만 나오던 시절이라 여전히 한국인 정서에는 안 맞는가 보다 했다. 내가 이 제품 홍보 담당자였다면 실패작이 아닐까?

당시, 영국의 부모들이 사용하는 광경만 보았을 뿐, 내가 이 끈을 쓸지 확신은 없었다. 아들이 걸음마를 늦게 시작한 편이라 사놓고 기다리는 형편이었다. 그러던 어느 날, 겨우 걷기 시작한다 싶은 아들이 갑자기 차도를 향해 잽싸게 뛰는 걸 보고 당장 쓰기 시작했다.

고국 방문길에 이 끈을 아이에게 착용시키고 다녔더니 별별 소리를 다 들었다.

"허이, 저놈 개 꼴로 하고 다니네."
"아들 정서에 나쁜 영향을 미치지 않겠니?"

귀가 따가울 정도로 질책을 받았지만 그 시절로 돌아간다 해도 반드시 다시 쓰고 말 육아 용품이다.

2. 장화+방수복

장화와 방수복은 영국의 기후적 특성 때문에 선택했다.

산책과 아이 등하교, 정원 관리, 여행까지 두루 쓰이는 용품이기 때문이다. 비 오는 날 유모차를 끌면서 동시에 우산을 들기는 불편하니 방수복이 유용했다. 비 오는 날씨가 잦은 데다 돌풍까지 동반하는 영국의 봄가을에 우산이 망가지거나 날아갈 뻔한 일을 몇 차례 겪고 나니 더욱 방수복이 절실했다.

학교에서 견학을 갈 때도 장화와 방수복이 준비물로 빠지지 않았다.

도심 한복판의 빌딩 숲을 제외하고 사람이 다닐만한 장소면 어디든

포장과 비포장길이 공존하는 영국에는 비가 그쳐도 며칠간 땅이 젖기 마련이다. 자연경관을 즐기며 오래 걷고자 한다면 장화를 챙기는 편이 유리하다.

한여름에도 갑자기 기온이 떨어지고 화창한 날씨에도 언제 비가 쏟아질지 모르는 등 하루에 사계절이 다 있다는 영국의 변화무쌍한 날씨에 적응하려면 가볍게 접어 보관할 수 있는 방수복도 편리하다.

3. 비타민 D

이것도 영국의 날씨와 연관된다.

겨울에 해가 짧아지는 영국의 연간 일조량은 흑야 현상이 있는 북유럽 국가보다 약간 더 높은 수준이다. 이 때문에 우리 가족 모두 비타민 D를 챙겨 먹는다. 영국 보건 당국도 권하는 영양제다.

"영국에 살다 보니 별 쓸모가 없더라고요."

4. 수영모

영국의 수영장에 가보면 수영모를 쓰지 않는 사람이 많다는 점에 놀라고 만다. 수영장에서 지켜야 할 규칙에 '수영모 착용'은 없을 정도다. 초등학교 정규 수업에 수영 강습이 있어서 아들도 참여했지만 수영모를 챙겨갈 필요는 없었다.

영국에 온 초창기만 해도 나는 수영장에서 수영모를 쓰는 소수에 해당했다. 긴 머리가 수영에 방해가 되었기에 한국에서 가져온 수영모를 계속 쓰긴 했지만, 낡아서 버린 뒤부터 수영모를 포기하고 말았다. 대다수 영국인의 행동을 따르기 위해서라기보다는 내가 불편해서다. 당시 영국에서 구할 수 있는 수영모가 대부분 실리콘 재질이었는데, 서양인보다 두상도 크고 머리까지 긴 상태에서 실리콘 수영모를 쓰기는 부담스러웠다.

어쩔 수 없이 수영모를 포기하는 대신 다른 여성들처럼 머리를 핀으로 최대한 고정시켜 수영하는 습관을 들여야 했다.

5. 가죽옷

이 또한 영국의 날씨 때문이며 내 주관적 견해에 해당한다.

한겨울에 '니 얼어 죽을라고 그라나'라는 잔소리에도 짧은 치마를 고수하는 사람이 있듯, 번거로운 관리법과 습한 날씨에도 가죽옷으로 멋을 내겠다는 사람을 말릴 이유는 없다. 같은 영국에서지만, 일 년 내

내 가죽 롱 코트만 입고 출근하는 동료도 있었다.

내 경우, 영국에 올 때 챙겨 온 가죽옷은 오래전 이미 어디로 갔는지 찾을 수 없게 되었다. 내 경고에도 불구하고 가죽 재킷을 구매했던 남편의 경우, 다행히 중고라 큰 부담은 안 되었지만, 계절이 바뀌고도 계속 보관만 하고 꺼내 입지 않다가 결국 망가뜨리고 말았다.

6. 전기밥솥

한국인이 전기밥솥을 안 쓴다고?
아무리 해외에 살더라도 밥은 먹을 텐데?
다른 집에는 있던데?

이렇게 반문할 수밖에 없으리라. 이것도 지극히 개인적인 경험담이다.

몇 년 전까지만 해도 우리 집 부엌 한구석을 전기밥솥이 차지하고 있었다.

우리 가족은 아침 식사로 빵과 시리얼, 오트밀을 번갈아 가며 먹고 점심으로 아들은 샌드위치 도시락, 남편은 회사 식당 메뉴를, 나는 집에서 밥을 먹던 시절이다. 저녁에만 가족 모두가 밥을 먹는 셈인데, 이마저도 남편이 회식을 가거나, 집에 있더라도 밥 대신 면이나 감자 등으로 대체할 때도 있었다.

당연히 밥을 해놓으면 며칠씩 밥솥에 남았다. 그렇다고 작은 밥솥을 사서 매번 해 먹는 건 더 비효율적이다 싶어, 전기밥솥은 치우고 냄비에 밥을 짓기 시작했다. 필요할 때만 밥을 하고 밥이 남으면 냄비째 냉장고에 보관하기 편해서다.

"영국에서 사용하기는 어색하지만* 그래도 포기 못 해요!"

* 영국에서 사용하기 어색한 물품은 사실 별로 없다. 주변의 시선을 신경 쓰지 않는 나라요, 이방인이 개인적으로 하는 행동에 크게 관심을 가지지는 않으니.

7. 양산

일조량이 적은 영국에서는 해가 보이기만 하면 어디서든 드러눕는 사람이 있다. 그동안 그리웠던 해를 온몸으로 받아들이고 부족했던 일조량을 한 번에 채우려는 의도리라. 이 때문인지, 일조량이 적은 국가일수록 피부암 발병률이 높다고 한다.

한국인이 아는 양산이라는 단어 'Parasol'을, 영국에서는 정원이나 해변에 꽂아두는 대형 파라솔로 인식한다. 진정한 양산은 고전 영화에서나 볼 수 있다. 한국에서 쓰던 양산을 구할 수 없기에, 나는 어쩔 수 없이 우산을 양산 대용으로 쓰고 다녔다.

비가 와도 그대로 맞고 다니는 이가 많은 영국에서 화창한 날 양산으로 둔갑시킨 우산을 들려면 용기가 필요하다.

아래는 아들의 운동회 때 내 모습이다.

운동회를 관람할 때 특히 양산이 유용하다. 한국과 달리, 주로 6월과 7월 사이에 열리는 학교 행사라 3시간여 동안 햇빛에 노출되는데 자외선 차단제 하나만으로 피부를 보호할 수는 없지 않은가.

곳곳에서 의아해하는 눈초리가 내게 쏟아지지만, 학생들이 운동장 트랙을 따라 각 경기 종목을 치르느라 구경꾼들도 몇 차례씩 자리를 옮길 무렵, 다들 적응했는지 더 이상 쳐다보지 않았다.

아들 또한 경기하느라 바쁜지, 수많은 군중 속에서 혼자서만 우산 쓰고 다니는 엄마를 황당한 눈으로 바라보긴 해도 만류하러 오지는 않았다.

그래서, 내가 쓰고 싶은 건 다 쓸 테다.

6개월 치 월세를 미리 내고 계약한다고요?

[영국에서 집 구하기, 급할수록 천천히]

영국에 처음 오는 사람이 쉽게 접근했다가 의외로 높은 장벽에 부딪히는 일이 집 구하기다.

1년 체류를 목적으로 8월경 영국에 온 가족이 있다고 가정해 보자.

9월에 시작되는 새 학년, 새 학기에 맞춰 2~3주 전에 왔으니 집을 구하고 자녀의 학교 등록까지 시간이 넉넉하리라 계산했을 것이다. 그렇다면, 이 가정의 아이가 9월 초 개학*에 맞춰 등교할 수 있을까?

* 잉글랜드 외 지역은 개학 시기가 조금씩 다르다.

아쉽게도 시기적으로 약간 늦어질 수밖에 없다.

우선, 영국에 도착한 당일 집을 고른다 해도 계약이 곧바로 성사되지 않는다. 여기엔 영국의 느린 행정 시스템도 한몫하지만 주된 이유는 집 계약에 필요한 신용 조회에 있다. 영국에서의 집 계약 경험이 없다는 이유로 외국인은 신용 조회 과정에 시간이 더 걸린다. 무엇보다, 잘 진행된다 싶은 계약을 집주인이 틀어버리는 경우도 있다.

"처음에는 세입자를 받으려 했는데, 갑자기 동생이 들어와 산다고 그러네요."
"집을 세놓고 해외에서 살고 있었는데, 귀국 날짜를 두고 고민하던 중 이제 들어오기로 결정했어요."
"집을 내놓아도 사려는 이가 없어서 세입자까지 동시에 구하고 있는데 얼마 전 구매자가 나타났어요."

 이런 집주인의 변덕 없이 계약이 순조롭게 진행된다 해도 최소 2~3주는 잡아야 입주까지 가능하다.

 그럼, 집 계약이 진행되는 동안 임시 숙소에서 거주하며 자녀의 학교를 신청하면 되겠다고 생각할 수도 있다.

 안타깝게도, 이 또한 뜻대로 되지 않는다.

 집 주소를 바탕으로 자녀의 학교를 신청해야 하기 때문이다. 또한,

아직 개학 전이라면, 교육청에서는 "현재 방학이라 학교와 연락이 안 됩니다. 개학 후 해당 학교에 통보하겠으니 기다려주십시오."라고 나오기 마련이다. 갑갑해서 학교에 직접 연락하면 방학 동안 답변을 줄 사람은 아무도 없다.

이런 이유로 가족 모두 영국에 도착한 시기는 8월이지만 자녀에게 학교가 배정되는 것은 9월 중순에나 가능하다. 또래 학생들은 이미 학교를 다닐 무렵이다.

그러면, '영국에 오기 전에 학교 배정을 받으면 되는 것 아닌가?'라고 생각할 수도 있다. 앞서 언급한 것처럼 영국의 공립학교 배정에는 집 주소가 있어야 한다. 통학 가능 거리(catchment area)를 판단하는 기준이 되기 때문이다.

"집 구하는 거 복잡하게 생각할 필요 없어. 6개월 치 월세를 미리 내면 되잖아."

집 계약 과정에 쏟는 시간을 절약하고 아이의 학교 문제까지 한 방에 해결할 비법으로 영국에 오는 한국인들 사이에 한때 통용되던 방식이다.

월세를 6개월 치나 미리 내겠다는 세입자에게 집주인이 앞뒤 따지지 않고 집을 내줄 수도 있다. 하지만, 기존의 표준 계약서에 따라 매달 월세를 내는 방식을 내버려두고 어떤 식으로 계약을 체결하는지, 나는 묻고 싶지도 알고 싶지도 않다. 무엇보다, 누구에게도 권하고 싶지 않은 방식이다.

영국의 월세가 저렴해서 이런 방법이 나오나 의문을 가질 수 있다.

2020년 9월 기준* 영국의 평균 주택 월세는 985파운드(한화 약 180만 원)다. 영국으로 이주하는 과정에 드는 비용과 정착 과정에 발생하는 지출까지 초기 비용이 만만치 않을 텐데, 집세에만 천만 원에 육박하는 금액을 일시에 지불하려는 의지도 놀랍고, 이후 수반될 수 있는 위험은 고려하지 않는다는 점은 더 놀랍다.

* 지금 이 글을 쓰는 2025년도 기준 평균 월세는 기관마다 전혀 다른 숫자를 반영하고 있어서, 그나마 안정적인 숫자를 반영하는 2020년도 자료를 기준으로 삼았다.

계약이 체결되었다고 끝이 아니다.

영국에서 집을 계약할 때 세입자는 두 달 치 월세에 해당하는 금액(첫 월세+보증금)을 미리 지불한다. 이 금액 중 보증금은 계약이 종료되고 집을 비운 후 돌려받는 돈이다. 집주인이 집 상태를 검사해서 '양호하다'는 평가를 내려야 원금 그대로 돌려준다. 그런데, 이 '양호하다'

는 평가를 받기가 쉽지 않다.

영국에서 집 계약 시 한국인이 흔히 하는 오해가 있다.

6개월 치 월세를 미리 내고 집을 구하면 시간이 단축된다.
보증금은 계약 종료와 동시에 원금으로 돌려받을 수 있다.
혹은, 보증금으로 낸 돈을 마지막 달 월세로 들릴 수 있다.

6개월 치 월세를 한꺼번에 내는 것은 표준 계약 방식이 아니다. 그리고, 영국의 보증금은 전세금처럼 계약 종료 후 온전히 돌려주기 위한 돈이 아니다. 보증금은 세입자가 거주하는 동안 집을 손상시킬 것에 대비해, 집주인이 자산 보호 차원에서 쥐고 있는 돈이다.

집 검사를 마친 집주인이

"벽에 낙서가 많이 되었으니 페인트칠을 새로 해야 한다."
"청소 상태가 좋지 않아 청소부를 고용해야 한다."
"카펫에 얼룩이 심하게 생겼으니 교체해야 한다."

등의 핑계로 보증금을 왕창 뜯어 가도 할 말이 없다. 설령, 운이 좋아 보증금을 모두 돌려받는다 하더라도 그 시기는 세입자가 집을 비운 후다. 즉, 이미 세입자의 통장에서 마지막 월세가 빠져나간 상태다.

그러니, 보증금을 월세로 둔갑시킬 수는 없다. '마지막 월세를 내 보증금에서 빼 가라' 고 세입자가 말하면 당장 '방 빼라'는 답변이 돌아올 것이다.

고국으로 돌아갈 준비를 하는 외국인은 마지막 달이 가장 바쁘다.

영국에서 하던 일을 마무리하고 귀국 준비를 할 시기다. 자녀의 학교에 귀국 계획을 알린다. 집주인에게 계약 해지를 통보하고, 각종 서비스 업체에도 서비스 중단을 요청한다. 동료나 친구와의 송별식도 있다. 고국에 돌아가 복귀할 직장이나 학교에 연락한다. 혹은, 취업 준비를 한다. 이삿짐도 싸고 고국에 있는 친지와 친구에게 줄 선물을 사는 등 하루하루가 눈코 뜰 새 없이 바쁘고 정신이 없다.

집 보증금을 어떻게 돌려받나 고민할 시간도 없고, 터무니없이 적은 금액을 받았다고 항의하고 싶어도 손쓸 겨를이 없다. 무엇보다, 보증금을 돌려받더라도 그 시기는 이미 고국에 복귀했을 무렵일 가능성이 크다.

정당한 계약 과정을 거쳐도, 마지막 달 시간에 쫓길 수밖에 없는 외국인 신세를 악용하는 악덕 집주인을 만날 수 있다. 하물며, 6개월 치 월세를 미리 낼 정도로 성급하게 계약하는 사람은 스스로를 을의 위치에서도 한층 더 낮추는 셈이다.

'거액의 현금을 내고 월세를 계약할 정도로 신용도가 낮은 사람인가 보군. 막판에 본국으로 돌아갈 준비하느라 바쁠 텐데 보증금 안 준다고 항의할 시간이나 있겠어?'

6개월 치 월세를 미리 내고 집을 계약했던 한국인의 사연을 들어보라. 그의 집주인은 막판에 보증금만 빼돌린 것이 아니다. 세입자가 합법적으로 요구할 수 있는 보일러 고장이나 전기 이상 등의 문제 해결 요청에도 묵묵부답이었다.

결국, 이 한국인 가족은 계약 기간 내내 집 곳곳에 문제가 있어도 참고 살다가 고국으로 돌아가는 날까지 보증금도 돌려받지 못하는 신세가 되었다.

이래저래 번거롭고 느린 영국 시스템이 싫어서 '빠르게 해결해 준다'는 한국인 부동산 계약업자나 중개인을 통해 집을 구하려다 사기를 당하는 이도 있다.

아무리 마음이 급해도 영국에서 집 구할 때 서두르면 안 되는 이유다.

내가 한국 나이로 말이야

[영어로 대화할 때 제발 이 표현만은]

한국인이 대화 도중 외국인에게 혼란을 안겨줄 만한 상황이 있다. 바로 나이를 말할 때다.

A: 김 선생님은 나이가 어떻게 되는지요?
B: 한국식 나이로는 마흔인데 서양식 나이로는 서른여덟입니다.
A: 정말인가요? 왜 나이가 다르죠?

한국인들 사이에 통용되는 나이 표현법이 국제 사회에서 인정하는 것과 다르다는 사실은 아마 대부분 알 것이다. 한국 내에서도 공식 문서에 표기하는 나이와 사석에서 말하는 나이가 다르다. 물론, 2023년부터 만 나이를 적용하도록 법적으로 변경되었지만 아직도 만 나이, 세는 나이, 연 나이로 구별하며 이해를 돕는 걸 보면 여전히 한국인에게 나이란 단순하게 표현하기 힘든 정보인 것 같다.

이 때문에 얼떨결에 외국인 친구에게 한국 나이로 말했다가 억울하게 최대 두 살이나 더 먹는 일이 발생한다.

"한국에서는 한국식 나이가 있는데 한국인에게는 그 나이를 알려주고, 당신은 한국인이 아니니까 국제 사회에서 통용되는 제 나이를 다시 알려드리죠."

이렇듯 길게 부연 설명을 해가며 사태를 수습하게 된다.

상황에 따라서는 문화적 차이에서 발생하는 이런 식의 추가 정보가 낯선 사람과의 대화에 흥미로운 얘깃거리가 될 수 있다. 어색한 침묵이 흐르는 자리에서 무슨 말이든 이어가야 한다면 한국만의 독특한 문화를 소개해 보면 어떨까? 그러면, 딱딱한 분위기를 누그러뜨리는 효과도 생긴다.

하지만, 모든 상황에서 이런 정보가 도움이 될까?

서구 사회에서는 당장 필요한 정보가 아니면 굳이 나이를 묻지 않는다. 그러니, 나이 질문이 나왔다면 정확한 연령 정보가 필요한 경우에서다. 이럴 때는 상대가 필요로 하는 정보만 알려주면 되지, 한국식 나이까지 언급하며 대화를 길게 만들 필요는 없다. 무엇보다, 한국인만의 나이 계산법을 외국인에게 이해시키기란 쉽지도 않고 궁금해하는 이도 별로 없다.

C: 김민철이라고 합니다. 만나서 반갑습니다.
D: 모임에 오신 걸 환영합니다. 민철 씨는 학교를 졸업한 지 얼마 안 되셨나 보죠?
C: 2년 전에 졸업했습니다.
D: 그럼 10학번인가요? 저보다 선배네요. 저는 12학번이거든요.
C: 아, 그렇군요.
D: 제가 더 어리니 말씀 낮추세요.
C: 그래도 될까, 선영이라고 했지? 내가 나이만 더 많다 뿐이지, 모르는 것 투성이니 앞으로 잘 부탁해.

아마 한국 사회 어느 곳을 가더라도 흔하게 나올 법한 대화가 아닐까 싶다. 특히, 나이를 묻거나 나이를 짐작할 수 있는 정보를 초면에 이끌어내는 방식이 그렇다.

서로의 나이가 파악되면 당연하다는 듯 상대를 대하는 어투도 달라진다. 그래서, 한국인은 대화 상대의 나이를 일찌감치 파악하려 한다. 그런데, 위 대화 내용을 영어로 옮기면 대화 후반부로 갈수록 어색해진다. 초면에 상대의 나이를 파악하려는 행위도 어색하지만, 나이에 따라 어투를 달리하는 부분을 영어로 옮기면 무의미해진다.

한국 문화를 모르는 사람과의 대화에서 한국식 나이 표현은 여러모로 혼란을 준다. 외국인과 대화 나눌 때를 대비해 한국식 나이 대신, 만 나이로 대답할 준비를 해두자.

영국에서는 친한 친구 사이라도 나이를 직접 묻는 경우가 없었다. 이력서를 작성할 때도 나이를 입력할 필요가 없다. 다만, 입사가 결정되면 생년월일이 들어간 자료를 제출한다. 처음부터 나이를 요구하는 곳은 병원과 보험사, 공공기관 등이다. 그나마도 나이를 ○○세라고 적기보다는 생년월일만 입력하기에 나이를 직접 말할 기회는 한국에 비해 확연히 적었다. 적어도 내게는 그랬다.

이 때문인지 영국에서 나이 질문을 받으면 당황하기 일쑤다. 불쾌해서가 아니라 잊고 살던 정보를 당장 떠올려야 해서다. 영어로 말할 때 나이와 한국어로 말할 때 나이가 다르니 머릿속으로 계산부터 해야 했다.

영국에 오래 살다 보니 적어도 '내가 한국 나이로…'라는 말은 꺼내지 않지만 오히려 이 때문에 나이에 대한 대답이 늦어지곤 한다.

아들의 시력 검사를 위해 안경점에 들렀을 따다.

30여 분가량의 정밀 검사가 끝난 후 아들은 시력이 좋아서 안경이 필요 없다는 결론이 났다. 안경점에 들른 손님치고는 너무 싱겁게 거래를 끝낸다 싶었는지, 검사를 마친 안경사가 눈 건강에 대해 추가로 설명해 줬다. 노안에 대한 설명 도중 대뜸 아들 곁에 있던 나를 쳐다보면서 말이다. 나라도 고객으로 삼고 싶었던 건지.

안경사: 어머니는 나이가 어떻게 되는지요?
나: (10초간 눈만 껌벅껌벅, 멍한 표정, 그러다가 계산 후)…마흔셋인데요.
안경사: 나이를 말하는 데 그렇게 오래 걸리나요?
나: 요즘 저에게 생일을 묻는 사람은 있어도 나이를 직접 묻는 사람은 없어서 잊고 살았어요.

당시만 해도 나는 안경점을 이용해 본 경험이 없었다. 병원 못지않은 전문 의료 기구를 갖춘 영국의 안경점과 의사처럼 말하는 안경사까지, 모든 게 생소한 상태에서 나이 질문을 받고 보니 당황하고 말았다.

이런 영국에서도 사람들의 나이를 파악하는 방법은 있다.

1. 스티븐의 서른네 번째 생일을 축하해!

생일 파티에 가면 친구의 나이를 금방 파악할 수 있다. 생일 축하 문구가 걸려있거나 케이크에 꽂힌 양초 혹은 케이크에 새겨진 글자를 보면 된다. 다만, 이것도 사람에 따라서는 나이 파악에 한계가 있다. 대체로 마흔이 넘으면 주민등록상 나이가 뭐가 중요하나 싶어 숫자를 제멋대로 부르는 성향이 있다. 친구 한 명은 매년 생일 때마다 스무 번째 혹은 스물한 번째 생일이라고 한다. 고등학생 딸을 둔 친군데 말이다.

2. 내가 서른 살에 에이미를 낳았어.

친구의 출산 시 나이 + 자녀의 현재 나이 = 친구의 현재 나이. 자녀의 나이도 알아야 하는 등 불편하지만 주로 학부모끼리 통하는 방법이다.

3. 레스터 시티가 프리미어리그 우승하던 해에 내가 축구 보느라 A 레벨 망쳤잖아.

A 레벨은 영국의 대학준비반의 졸업시험으로 한국의 수능시험과 같은 역할을 한다.

4. 제임스 씨가 22세에 입사해서 15년간 근무한 우리 회사를 떠난다고 합니다.

송별식 혹은 은퇴식을 앞둔 직원이 있으면 위 문구로 시작되는 고별

사가 전체 직원에게 전달된다.

5. 성명: 사라 테일러, 나이: 41-45세

달리기 행사에 나갔다가 지인을 만나서 반갑게 인사한 적이 있다. 행사가 끝난 후 호기심에 그 친구의 기록을 홈페이지에서 확인했다. 참가자의 기록이 순위별로 나오는데, 이름과 달리기 기록뿐 아니라 성별, 나이도 나왔다. 정확히 몇 살까지는 아니고 '36-40세', '41-45세' 식으로 구분된 형태다. 덕분에 그 친구의 나이를 편차 ±4세 범위 내에서 알아냈다.

복잡하고 불편하지만 모든 것이 비교적 느리게 흐르는 영국에 살면서 또 하나의 느린 방식으로 사람을 알아가는 과정이다.

[한국의 미용실에 들렀다가]

고국 방문 중, 아들의 머리를 깎기 위해 미용실에 들렀을 때다. 손님이 없는 한산한 시간대에 들어섰더니, 간식을 먹던 직원들이 갑자기 분주해졌다.

미용사가 머리 깎을 준비를 하는 동안 의자에 앉아 있던 아들에게 원장님이 다가가 말을 건다. (한국에서 만나는 사람마다 거의 동일한 패턴으로 아들에게 질문했다.)

"니 이름이 뭐꼬?"
"니 매캉년이고?"
"니 매쌀이고?"

아들은 한글학교를 다닌 적도 없고 주변에 한국어로 대화 나눌 친구나 친척도 없기에 일기와 넷플릭스, 부모와의 대화가 유일한 한국어 공부 수단이었다. 그럼에도, 짧은 의사소통 정도로는 해외에서 성장한 아이라는 사실을 사람들이 눈치채지 못할 때도 있었다.

대화 내내 정체를 숨겼지만, 그럼에도, 결국 외국에서 성장한 티를 내고 만다. 꼭, 마지막 질문에서다.

원장: 니 매쌀이고?
아들: (잠시 머뭇거리다) 한국 나이로 열두 살인데요.
원장: (놀란 눈으로 나를 쳐다보며) 야, 미국에서 컨능교?

옆집 사람과 친하게 지내고
영어도 공부할 수 있겠네요

"이웃과 친하게 지내고 추억도 쌓을 수 있을 것 같아요."
"영어 공부도 저절로 되잖아요."

영국에 처음 와서 가족과 함께 살 집을 구하던 사람이 한 말이다.

낯선 땅에서 이웃 사람과 친하게 지내고 영어까지 공부한다면 얼마나 좋겠나.

엉뚱한 생각이지만, 영국에 도착한 '나'가 아닌 아직 한국에 있는 '나' 그대로를 객관적으로 바라보자. 여기에 한술 더 떠서, 옆집에 외국인 가족이 이사 왔다고 가정해 보자. 한국 문화도 잘 모르고 한국어도 어눌한 사람들이다.

우연히 이사 들어오는 날, 인사를 나누고부터 이 사람들이 나와 친해지고 싶어 한다. 특히, 한국어를 공부하겠다고 자주 집에 들르고 식사에도 초대한다.

서글서글한 성격이 마음에 들지만 의사소통이 원활하지 않으니 매번 천천히 말해줘야 하고 여러 차례 반복해야 한다. 거듭 설명하고 손짓 발짓까지 동원해도 이해 못 할 때는 번역기를 써야 한다.

학교나 쇼핑, 병원 등 익숙하지 않은 한국 문화에 대해서도 수시로 물어본다. 한국의 높은 교육열을 모르는 사람들이라, '아이들끼리 놀게 해 주자'며, 공부 중인 우리 집 고등학생 딸 방에 자기네 초등학생 아이를 들여보내기도 한다.

한국어를 배우긴 했는데 한국의 존대 문화는 모르는 건지 아니면 내가 어려 보여 그러는 건지, 열 살이나 더 많은 나를 동갑내기 친구 대하듯 한다. 듣다 보니 기분 나쁜데 이걸 고쳐주자니 번거로운 일이라 내버려둔다. 하긴, 미드를 보니 어린아이가 할아버지한테 '헤이, 존' 이러며 손 흔들어 인사하더라고.

한 번씩 창문을 통해 옆집에서 넘어오는 냄새가 장난이 아니다. 무얼 삶고 어떻게 굽는 건지 매캐한 냄새가 나서 견디기 힘들 때도 있다. 그런 날이면 꼭 우리에게 먹어보라고 그날 만든 음식을 그릇에 담아 보내

오기까지 한다. 마음은 고맙지만, 괴상한 색깔에 뭉클거리는 것들이 눈에 거슬리고 냄새마저 고약해서 도저히 먹을 엄두가 나지 않는다.

이런 경우 나는 어떤 반응을 보일 것인가?
이들을 좋은 이웃으로 받아들일 것인가?

마침, 내가 시간적으로 여유가 있는 사람이라면 새로운 친구를 사귀고 말벗이 생겨서 좋다고 여길 수도 있다. 그리고, 나 또한 그네들의 언어와 문화를 배울 기회도 생기니 일석이조 아닌가. 혹은, 나 자신도 외국인이라서 타향살이하는 사람들끼리 동병상련의 심정으로 서로를 챙기고 각별하게 지낼 수도 있다.

하지만, 나는 토종 한국인인 데다 이미 친구도 많고 직장이나 살림, 육아, 자녀 교육, 취미 등으로 바쁜 사람이라면? 그리고, 이 외국인 가족의 끊임없는 질문 공세와 도움 요청에 내 생활마저 흐트러진다면?

지난주에는 아이 학교 상담을 도와달라고 해서 따라갔는데 이번에는 은행 계좌를 개설하는 데 도와달라고 한다.

위에서 열거한 외국인의 모습 중 하나가 영국에서의 내 모습이 된다고 상상해 보라. '한국 문화를 모르는 외국인' 대신 '영국 문화를 모르는 한국인'으로 말이다.

해외 생활을 하다 보면 예상치 않은 문제에 맞닥뜨릴 수 있다. 현지인에게는 전혀 문제가 되지 않는 일에서 말이다. 이럴 때는 누구나 지푸라기라도 잡는다는 심정으로 가까운 사람에게 매달릴 수밖에 없다.

나의 평소 성격은 어떤가?
낯선 장소에서 낯선 사람을 만나 적극적으로 이야기 나눌 수 있나?
평소에 이웃 사람과 친하게 지내는 편인가?

또한, 이 모든 것을 한국어가 아닌 영어로 진행할 수 있는가?
영어 학원에서 강사가 정해준 주제에 따라 짧게 발표하는 것과는 전혀 다르다. 비슷한 영어 실력의 사람들끼리 하는 '프리 토킹'이 아닌 실전 상황이다.

영어가 능숙하지 않거나 이웃과 소통이 없던 사람은 영국에 와서 이웃과 사귀지 말라는 소리가 아니다.

옆집 사람이 자신의 영어 공부 파트너가 돼주기를 기대해서는 안 된다는 소리다. 영국에는 영어를 잘하는 사람, 못하는 사람이 능력별로 다양하게 존재한다. 외국인 학생이나 직장인 그리고 이들의 가족이 있기 때문이다. 비슷한 목적을 가진 사람과 모임을 가지고 그곳에서 만난 사람과 어울리면 된다.

가까운 종교 시설이나 대학교에서 운영하는 영어 강습, 외국인 사교 모임도 관심을 가져볼 만하다. 사교 모임이라고 해서, 근사하게 차려입고 칵테일 잔을 드는 형태가 아니다. 주로, 자녀를 등교시킨 후 잠시 짬을 내어 온 학부형이나 학생, 주부가 자그마한 강당에 앉아서 가지는 모임이다. 영어 회화반이 될 수도 있고, 영국 문화 공부반도 된다. 이런 모임은 인터넷을 검색하거나 주변 유학생에게 물어보면 알아낼 수 있다.

학교에 소속된 사람(학생, 연구원, 안식년 교수 등)이라면 외국인 학생과 교직원의 복지를 담당하는 부서에 연락해 보자. 영국에서의 정착을 도와주는 곳이다. 외국인을 상대하는 직원이라 상대의 영어가 서툴러도 인내심을 가지고 들어주고 말도 천천히 해준다. 이곳에서 영국 생활이나 육아, 영어 강습, 외국인 모임 등에 대해 문의해도 된다.

이런 강습이나 모임으로 끝나는 것이 아니다. 그곳에서 친해진 사람이 있으면 개인적인 모임으로 이어갈 수 있다. 같은 동네에 산다는 이유로 또다시 만나는 기회가 생긴다면 집에 가는 길에 더 이야기를 나누거나 집에 초대하기도 하고 카페에 모여 수다를 떨 수도 있다. 아이의 학교에서 만난 학부형과 친해질 수도 있다. 모든 것이 공짜 영어 공부다.

돈이 좀 들더라도 학원을 등록하는 방법도 괜찮다. 운동이든 외국어든, 돈을 조금이라도 들인 프로그램에 더 열성적으로 참여한 기억이 있지 않은가?

한국에서 다니던 학원과도 다르다. 한국어에 의존할 수 없으므로 더 적극적으로 영어 대화에 참여할 가능성이 크다. 교회를 다닌다면 멀리 있는 한인 교회를 찾기보다는 용기를 내어 동네에 있는 교회를 가보는 것도 좋다. 영어를 익히고 영국 문화에 더 빠르게 적응하는 방법일 수 있다.

영국에 오기 전, 웹사이트와 이메일을 통해 미리 알아보고 현지 관계자나 유학생에게도 문의해 보자.

에필로그

[이방인으로 살아가는 일]

　영국에 온 후 강산이 두어 번 바뀔 정도의 시간이 흘렀다. 그동안 한국도 변하고 나도 변했다. 고국을 방문할 때마다 그 변화상을 매번 크게 실감하지만 일상생활 속 잔잔한 변화까지 감지할 기회는 없었다.

　그런 작은 변화의 흐름을 모르기에 당황하는 일이 종종 생긴다. 나는, 모른다 싶으면 어떤 일이든 모른다고 솔직히 털어놓는 편이다. 솔직한 태도가 삶을 살아가는 데 더 유리했고 특히 해외에 살면서 도움이 되었다. 모르면서 아는 척하면 놓치는 기회가 있기에.

　이런 내 솔직함 덕택에 그동안 몰랐던 신문물을 배우는 기회도 되지만, 그런 솔직함 끝에 돌아오는 답변이 너무나 차가울 때가 있다. 더 이상 한국에 살지 않기에 겪어야 하는 불편함도 있다.

"인터넷 뱅킹은 생략하는 편이 낫지 않을까요?"

창구 직원이 한층 더 짜증 섞인 목소리로 권유했다. 이 말을 몇 차례나 반복하는지. 지나치게 오랜 시간 동안 직원을 붙들고 있어서 미안하다만, 그렇다고 내 잘못이 아니지 않은가. 은행 시스템에서 내 서류가 처리 안 되어 더뎌지고 있는 것이다. 나 같은 외국 시민권자도 가능하다 해서 계좌를 만들던 중 인터넷 뱅킹이 발목을 잡았다.

내 이름으로 계좌 개설은 했으니 그 정도로 만족하라고 직원이 설득하려 든다. 골칫덩어리 인터넷 뱅킹은 잊어버리라고.

요즘 시대에 인터넷 뱅킹이 안 되는 은행 계좌를 쓰라고?
잔고 확인과 송금을 위해 매번 은행까지 가라고?
영국에 사는 사람이 한국 계좌를 쓰면서?

직원의 요구가 부당함을 알면서도 그녀의 심기를 건드리지 않기 위해 나는 안간힘을 썼다. 팀장급인 이 직원이 처리 못 하는 일이라면 나를 도와줄 이는 당장 없을 것 같아 간곡히 사정했다. 한국에 거주하지 않는 외국인에게도 계좌 발급이 가능하다는 홈페이지 안내문만 믿고 왔는데 이 은행 지점에는 전례가 없다고 했다.

"현금영수증도 몰라요?"

식당에서 식사를 마치고 결제하려던 참이었다. 영수증이면 영수증이지, 현금영수증은 무엇이며, 내 개인 정보는 왜 필요한지, 모두가 생소해서 직원에게 물었더니 나를 외계인 보듯 하며 그런 것도 모르냐는 투로 퉁명스럽게 받아쳤다.

식당에서 밥 먹는 것쯤 별일 아니라 여겼는데, 나의 착각이었나 보다.

생소한 것을 접하면 경험 삼아 직접 체험해 보고 싶고 더 상세히 묻고 싶지만, 이런 식으로 면박당하는 일이 잦아지니 점점 더 움츠러들고 말았다. 영국에서 왔다고 하면 상대의 태도가 누그러질 때도 있지만, 어차피 같은 한국인인데 모를 리가 있나로 결론을 내리곤 했다.

"이걸 어떻게 뜯어서 데우는 걸까?"

편의점에서 아들과 함께 햇반을 연구하는 중이었다.

식사를 하러 들른 닭집에 공깃밥이 없다고 해서 아들과 함께 햇반을 사러 나온 길이었다. 막상 편의점에 들어서니 내가 기억하는 햇반 포장과 너무도 다르게 생겼고 종류도 한두 가지가 아니었다. 영국에서는 햇반을 사 먹을 일도 거의 없고, 사실 맛도 없지만, 디자인이 단순한 편이라 사용이 간단하다. 한국식 '편의점'이 거의 없기에 상점에서 포장을 뜯어 이용할 기회도 없었다.

"아까 시켜놓은 닭 요리가 식을 텐데…."
"편의점 직원에게 눈치 보이는데…."

이런 고민으로 갈등하는 내 마음도 모르고 아들은 포장에만 정신이 팔려 있었다. 어릴 적부터 상품 포장을 눈여겨보던 녀석이다. 늘 대하던 영어가 아닌 한국어로 된 포장이요, 영국에서는 보기 드문 진귀한 물품과 서비스를 갖춘 편의점 구경에 한창 빠져 있었다. 영업에 방해만 안 된다면 진열대에 놓인 물품을 하나씩 훑어보며 몇 시간씩 보내도 지루한 줄 모를 듯했다.

아들과 나, 둘이서 머리를 맞대고도 결국 햇반 데우기 미션에 실패하고는 망연자실해 있는데, 직원이 곁으로 다가왔다.

앗… 이를 어떡하나.

식당 사장님이 햇반을 사다 주겠다는 걸 만류하고 나온 터인데, 아들도 지켜보는 자리에서 또 한 소리 듣겠군. 괜히 편의점에 왔나, 하며 연신 후회를 하고 말았다.

"이렇게 뜯은 후 전자레인지에 넣어 2분간 돌리시면 됩니다."

다행이다. 모두가 퉁명스럽게 대하는 건 아니었어. 단순한 햇반 데우기도 못하는 우리 모자를 위해 직원이 친절히 설명해 줬다.

"회원 카드를 만들려면 이쪽에서 서류를 작성해 주세요."

이번에는 영국이다.

대출 신청한 책을 찾으러 온 길인데 회원 카드를 만들라니, 이 무슨 동문서답인가.

새로 이사 온 동네, 새 도서관이지만 같은 관할 구역에 속한 곳이라 기존의 카드로도 이용이 가능했다. 도서관의 규모가 작고 이전 도서관과 구조도 비슷하다 싶어, 직원의 도움을 받지 않고 대출 신청한 책이 놓인 위치를 나 스스로 추적하는 중이었다.

작은 동네 도서관에 낯선 외국인이 등장하니 눈에 띄었나 보다. 내가 아무것도 몰라 헤맨다고 짐작한 직원이 즉각 내 앞으로 출동했다.

혼자서도 해결 가능한 일이지만, 친절을 베푸는 직원이 무안해지지 않도록 이미 답을 알면서도 질문을 했다. 대출 신청한 책이 어디에 있냐고.

내 질문이 다 끝나기도 전에, 답변이, 그것도 원하지도 않는 답변이 돌아왔다.

"Where do you keep reserved books?"를 찬찬히 말하는데 이 직원은 "Where do you…"까지만 듣고 나의 의도를 넘겨짚은 것이다.

당시만 해도 온라인 대출 서비스는 소수의 회원만 이용하던 때다. 나 같은 '외국인'이 그런 희귀한 서비스를 알 리가 없지 않은가.

내 외모에 따라붙는 외국인이라는 낙인 때문에 벌어진 일이다.

외국인이니까 잘 모를 거라며, 내 사정도 도르고 과도하게 엉뚱한 서비스를 베풀려는 직원이 솔직히 부담스럽기도 하다.

"어느 나라에서 오셨어요? 여행 다니시나 보네요."

가족과 함께 미술관을 방문했을 때다. 관람객이 뜸한 탓에 무료한 시간을 보냈는지 백발의 관리인이 우리 가족을 반가이 맞이했다.

에필로그

영국 어디를 가든 '어느 나라에서 왔냐?'는 질문은 항상 우리에게 쏟아지기 마련이다. 더군다나, 관광객의 발길이 닿지 않는 작은 동네 미술관에 나타난 아시아계 가족은 그야말로 관심의 대상이다. 그의 기대에 찬 질문에 비해 우리의 답은 너무나 싱거웠다.

"저희, 이 동네에 사는데요."

영주권을 받고, 다음 해 시민권을 받고 나서야 나는 영국에 사는 이방인이라는 느낌을 크게 덜어냈다. 새 신분증에 따라붙는 법적 권한과 은행, 관공서에서의 간편해진 서류 절차 때문이다. 더 이상 비자가 만료될까 불안해하거나, 새 비자 발급을 위해 복잡한 절차를 거치며 마음고생할 필요도 없게 되었다.

그럼에도, 내 외모에 따라붙는 이방인 이미지는 지울 수 없다. 당시 미성년자였던 아들에 대한 걱정은 더 컸다. 인종차별을 심각하게 겪은 적은 없지만 학교를 다니면서 '야, 너 눈 진짜 작다', '너도 개고기 먹냐?'라는 소리를 듣고 있어서다.

한편, 고국에 가면 '한국인이 이런 것도 모르나', '왜 그런 서류를 대령하지 못하나'라는 시선도 계속 따라다닌다. 영국과 한국 어디에서든 내가 짊어져야 할 짐이다.

이 모든 것이 20여 년 전 내가 처음 영국행을 택했을 때만 해도 예상하지 못한 삶이다. 그렇다고 어느 날 갑자기 떠맡겨진 책임은 아니다. 직접 부딪혀 가며 선택한 기회이자, 내가 원했다면 다른 방식을 택했을 수도, 그래서 덜 불편했을 수도 있는 삶이다.

약간의 불편함은 늘 따라다니겠지만, 후회나 아쉬움은 없는 삶이다.